Le Théâtre

BOISSY

L'AUTEUR
SUPERSTITIEUX

A-PROPOS EN UN ACTE

REPRÉSENTÉ POUR LA PREMIÈRE FOIS A PARIS EN

1732

L'HOMME DU JOUR

COMÉDIE EN CINQ ACTES

REPRÉSENTÉE POUR LA PREMIÈRE FOIS A PARIS EN

1740

NOUVELLE ÉDITION

PUBLIÉE

fondateur Collection —— 100 Bons Livres 10c

PARIS

ÉPARTEMENTS, ÉTRANGER,

CHEZ TOUS LES LIBRAIRES

1878

20 c. — THÉÂTRE — 20 c.

CHEZ TOUS LES LIBRAIRES

JANVIER 1878 | FÉVRIER 1878

Beaumarchais

1   *Barbier Séville*, et Musique
2   *Mariage Figaro*, et Musique
3   *La Mère coupable*

Brueys

4   *Avocat Patelin* et le *Grondeur*

Desforges, — Baron

5   *Le Sourd.- Bonnes fortunes*

Le Sage

6   *Turcaret, — Crispin rival*

THÉÂTRE D'ÉDUCATION
de Florian et de Berquin.

7-8   FLORIAN, HUIT comédies.
9-10   BERQUIN, DIX comédies.

Collin-d'Harleville

11   *Mr de Crac, — l'Inconstant*
12   *L'Optimiste*
13   *Châteaux en Espagne*
14   *Le Vieux Célibataire*
15   *La Famille bretonne*
16   *Vieillard et Jeunes Gens*
17   *Malice pour Malice*

Marivaux

18   { *Les Fausses Confidences* / *L'Ecole des Mères* }
19   { *Jeu de l'Amour et Hazard* / *L'Épreuve nouvelle* }
20   *Legs, - Préjugé, - Arlequin*
21   *Surprise, — la Méprise*
22   *2e Surprise, — les Sincères*
23   *L'Inconstance, — Amours*

Pergolèse, et Musique

24   *Servante* et STABAT MATER

Rousseau

25   *Devin* et *onze Romances*, piano

Regnard

26   *Le Joueur*
27   *Le Légataire et Critique*
28   *Le Distrait, — Amadis*
29   { *Attendez-moi, — Coquette* / *Le Marchand ridicule* }
30   { *Retour, — Sérénade* / *Bourgeois de Falaise* (*Bal*) }
31   { *Arlequin à bonnes fortunes* / *Critique de l'Arlequin* / *Les Vendanges* / *La Descente aux Enfers* }
32   *Carnaval - Orfeo, - Divorce*
33   { *Folies amoureuses,* / *Mariage Folie, — Souhaits* }
34   *Foire St-Germain et Suite*
35   *Les Ménechmes*

Scarron

36   *Jodelet — Japhet*

Dufresny

37   *Coquette, — Dédit, — Esprit*
38   *Le Mariage — le Veuvage*

Carmontelle

39 à 42 Vingt-cinq **Proverbes**

Gresset

43   *Le Méchant*

Destouches

44   *Le Philosophe marié*
45   *Le Glorieux*
46   { *La Fausse Agnès* / *Le Triple Mariage* }
47   *Le Curieux, — L'Ingrat*
48   *Le Dissipateur*
49   *Le Médisant, — l'Irrésolu*
50   *Le Tambour nocturne*

Boissy

L'AUTEUR
SUPERSTITIEUX

A-PROPOS EN UN ACTE

REPRÉSENTÉ POUR LA PREMIÈRE FOIS A PARIS EN

1732

L'HOMME DU JOUR

COMÉDIE EN CINQ ACTES

REPRÉSENTÉE POUR LA PREMIÈRE FOIS A PARIS EN

1740

NOUVELLE ÉDITION

PUBLIÉE

PARIS

DÉPARTEMENTS, ÉTRANGER,

CHEZ TOUS LES LIBRAIRES

1878

f 11773

L'AUTEUR SUPERSTITIEUX

PERSONNAGES

CLITANDRE, amant d'Hortense. | ARLEQUIN, valet de Clitandre.
DAMON, ami de Clitandre. | UN LAQUAIS d'Hortense.

(La scène est à Paris, chez Clitandre.)

SCÈNE I

CLITANDRE, DAMON.

DAMON.

Qui vous fait brusquement quitter ainsi la table
Au milieu d'un repas et d'une troupe aimable?
Pouviez-vous être mieux que parmi vos amis,
Et près du tendre objet dont vous êtes épris?
Toute la compagnie en a paru choquée ;
Mais Hortense, surtout, doit en être piquée,
Elle que vous aimez, et qui donne à dîner :
Un procédé semblable a lieu de m'étonner.

CLITANDRE.

Cher ami, c'est l'effet d'une faiblesse extrême,
Que je ne puis dompter, dont j'ai honte moi-même,
Dont à d'autres que vous mon cœur n'ose parler,
Qu'aux yeux même d'Hortense il a soin de voiler.

DAMON.

Mais, quoi que vous disiez, une telle faiblesse
N'a pas dû vous porter à cette impolitesse
Que la raison, monsieur, ne saurait excuser.

CLITANDRE.

C'est elle cependant qu'on doit en accuser ;

Et, puisqu'il faut vous faire un aveu véritable,
Nous étions... j'en rougis... nous étions treize à table,
Et l'on nous a servi treize plats à la fois.

DAMON, d'un air railleur.

Ajoutez qu'aujourd'hui c'est le treize du mois.

CLITANDRE.

Moquez-vons de ma peur, Damon, je le mérite,
Mais elle n'est pas moins la cause de ma fuite.

DAMON.

Se peut-il qu'un auteur, qui veut railler autrui,
Par un faible si grand donne à rire de lui?

CLITANDRE.

Je me suis déjà fait les mêmes remontrances;
Mais je suis dans un cas et dans des circonstances
Où malgré ma raison tout alarme mon cœur.
Elles doivent servir d'excuse à ma terreur.

DAMON.

Qui vous inspire donc les frayeurs d'une femme?
Parlez.

CLITANDRE.

Tout ce qui peut tyranniser une âme.

DAMON.

Mais encor?

CLITANDRE.

L'intérêt, la gloire, avec l'amour,
Ils m'occupent tous trois ; et dans ce même jour
On juge mon affaire, on doit jouer ma pièce,
Et je suis sur le point d'épouser ma maîtresse.
Jugez s'il est quelqu'un en proie à plus de soins!

DAMON.

Je n'ai plus rien à dire. On tremblerait à moins.

CLITANDRE.

Tous mes sens sont émus d'une façon terrible.
Pour l'intérêt, ami, je suis très-peu sensible.
Si je perds mon procès, comme je le crois fort,
Je m'en consolerai, sans faire un grand effort.
Pour l'amour et la gloire il n'en est pas de même;
Tous deux me font sentir leur ascendant suprême,
Tous deux d'un feu pareil enflamment mon désir,

Et font en même temps ma peine et mon plaisir.
Dans mes sens agités leur cruelle puissance
Fait succéder la peur sans cesse à l'espérance.
Plaire à l'objet que j'aime, et me voir son époux,
Offre à mon cœur sensible un triomphe bien doux :
Mais la crainte de perdre un bien si plein de charmes,
Y porte au même instant les plus vives alarmes.
Par un brillant ouvrage assembler tout Paris,
Réunir tous les goûts, charmer tous les esprits,
Malgré tous les efforts que tente la critique,
Captiver par son art l'attention publique,
Forcer deux mille mains d'applaudir, à la fois,
Et s'entendre louer d'une commune voix,
Présente à mon esprit la plus haute victoire ;
D'un guerrier qui triomphe on égale la gloire.
Mais si l'honneur est grand, le revers est affreux :
Du parterre indigné les cris tumultueux,
Sa fureur qui maudit et l'auteur et l'ouvrage,
La tristesse et l'ennui peints sur chaque visage,
Tous les brocards malins qu'on vous donne en sortant,
Et votre nom en butte au mépris éclatant,
Le désert qui succède à la foule écartée,
Accablent à leur tour mon âme épouvantée ;
Je crains des deux côtés d'avoir un sort fâcheux ;
D'être amant traversé, comme auteur malheureux.
Le public qu'on ennuie est un juge sévère.
Hortense, quoique veuve, attend l'aveu d'un père.
Si mes vœux sont trompés, un autre l'obtiendra
Pour surcroît de malheur ma pièce tombera.
J'en frémis.

DAMON.

Ah ! chassez une frayeur si noire :
Ja réponds de l'amour, espérez pour la gloire.

CLITANDRE.

Non ; j'ai, mon cher ami, des malheurs que je crains
Trop de pressentiments et de signes certains ;
C'est peu d'avoir les soirs mille terreurs secrètes,
D'ouïr hurler des chiens et crier des chouettes,
De rencontrer le jour des créanciers fâcheux ;

Sachez que cette nuit j'ai fait un rêve affreux :
J'ai songe que j'allais m'unir avec Hortense,
Dans le temps que vers elle un inconnu s'avance,
L'arrache de mes bras, et l'enlève à mes yeux
Sur un char que traînaient deux taureaux furieux :
Je veux les arrêter dans leur course fougueuse,
Quand je tombe au milieu d'une eau sale et bourbeuse.
Mille confus objets troublent alors mes sens ;
Je prends du poisson mort, je sens tomber mes dents ;
J'ai vu mon procureur boire avec ma partie,
Puis j'ai vu tout à coup jouer ma comédie.
Le parterre à mes yeux, les loges, n'ont offert
Qu'un grand vide effroyable et qu'un vaste désert ;
Des lustres presque éteints la lueur sombre et pâle
Éclairait tristement la moitié de la salle ;
Tout le fond du théâtre était tendu de noir,
Et formait un spectacle épouvantable à voir.
Je tremble, et je veux fuir à cet objet terrible ;
Mais je suis arrêté par un bras invisible :
Pour comble de terreur cent voix en même temps
Poussent autour de moi d'horribles hurlements ;
Sur ma tête j'entends le tonnerre qui roule ;
Sous les pieds des acteurs le théâtre s'écroule :
Les lustres à l'instant s'éteignent tout à fait,
Et mon songe finit par trois coups de sifflet.

DAMON.

C'est un vilain réveil, ami, je le confesse,
Pour un auteur surtout dont on donne la pièce.

CLITANDRE.

Mon esprit, dans l'horreur dont il est travaillé,
Est digne d'être plaint, et non d'être raillé.

DAMON.

Vous méritez, monsieur, les ris de tout le monde,
Et, loin que je vous plaigne, il faut que je vous gronde ;
Dans votre âme aujourd'hui la superstition
Etouffe du bon sens jusqu'au moindre rayon.
Des plus fausses terreurs vous recevez l'empreinte,
Et croyez un vain songe enfanté par la crainte.

CLITANDRE.

Tout ce que vous direz ne servira de rien ;
Et, pour finir le cours d'un pareil entretien,
Né superstitieux, je ne suis pas mon maître ;
Je pense, comme vous, qu'il est honteux de l'être ;
Ma raison me le dit, mais elle perd ses soins :
J'en sens le ridicule, et ne le suis pas moins.
Contre les préjugés en vain on se rebelle,
La superstition à l'homme est naturelle ;
Et le hasard malin, pour la fortifier,
Se plaît incessamment à la justifier.
Je l'ai trop éprouvé dans plus d'une occurrence,
La raison ne tient pas contre l'expérience,
Et votre cœur peut-être aurait le même effroi
Si vous étiez, monsieur, sur le point comme moi
D'attirer du public la louange ou le blâme,
De perdre ou d'obtenir l'objet de votre flamme.

DAMON.

Mais vous êtes aimé ; dites-moi, pouvez-vous
Avoir pour votre hymen un présage plus doux ?

CLITANDRE.

En vain par sa tendresse Hortense me rassnre,
Je crains de le former sous un fâcheux augure.

DAMON.

L'inconnu, cher Clitandre, alarme votre cœur,
Et je crois qu'entre nous les taureaux vous font peur.

CLITANDRE.

Damon, encore un coup, trêve de raillerie.

DAMON.

Mais vous ouvrez le champ à la plaisanterie.

CLITANDRE.

Sur ce point, j'en conviens, mon esprit va trop loin,
Et suit trop la frayeur où jette un tendre soin ;
Mais, si dans mes amours je parais moins à plaindre,
Pour ma pièce avouez que j'ai tout lieu de craindre :
Tant d'exemples fameux que je vois devant moi
Ne me doivent-ils pas glacer d'un juste effroi ?

DAMON.

Oui, mais vous m'avez dit que la chose est secrète.

CLITANDRE.

Je vous l'ai dit, sans doute, et je vous le répète.
Je l'ai lue aux acteurs sous le sceau du secret;
Et nul n'en est instruit, hors vous et mon valet,
Et trois ou quatre auteurs, amis sûrs, que j'estime.

DAMON.

Vous voilà bien caché ! D'un brevet d'anonyme
La calotte, monsieur, doit vous faire présent.

CLITANDRE.

Avoir un prête-nom eût été plus prudent.

DAMON.

A dire vrai, j'y trouve et du pour et du contre;
Un prête-nom bien sûr rarement se rencontre.
Ces messieurs, quand l'ouvrage attire et réussit,
Souvent avec la gloire emportent le profit.
Selon moi, le plus court et le plus raisonnable,
Est d'oser se montrer sous son nom véritable.
Un auteur mal caché se fait moquer de lui;
Et peu, par ce moyen, font fortune aujourd'hui.

SCÈNE II

CLITANDRE, DAMON, ARLEQUIN.

CLITANDRE, donnant un soufflet à Arlequin qui entre en sifflant.

Tiens, voilà pour t'apprendre à siffler de la sorte.

ARLEQUIN.

Peste ! Quand vous frappez, ce n'est pas de main morte.

CLITANDRE.

Je te l'ai défendu cent fois.

ARLEQUIN.

                                        J'ai tort, monsieur,
Et j'avais oublié que je sers un auteur,
Et que l'on représente aujourd'hui votre pièce :
Je ne tomberai plus dans cette impolitesse ;
L'augure vous alarme, et j'ai...

CLITANDRE.

                                        Tais-toi, faquin.
Quel est donc ce papier que tu tiens dans ta main ?

Lis.
ARLEQUIN.

De votre avocat, monsieur, c'est une lettre,
Qu'un homme de sa part m'a dit de vous remettre.

CLITANDRE, prenant la lettre.

J'ai perdu mon procès, je gage.

(Il lit.)

« Vous venez, monsieur, de perdre votre procès. »
                              Qu'ai-je dit ?
Vous le voyez, déjà mon songe s'accomplit.

ARLEQUIN.

J'ai rêvé comme vous de poisson mort, d'eau sale :
Si la journée aussi m'allait être fatale !
Mais elle l'est déjà, je viens d'être battu.

DAMON.

Voyez donc jusqu'au bout.

CLITANDRE.

                    Je sais que j'ai perdu,
Du reste de la lettre à quoi sert de m'instruire ?
Pour moi, si vous voulez, vous n'avez qu'à la lire.

DAMON.

Très-volontiers.

(Il lit.)

« Vous venez, monsieur, de perdre votre procès,
« malgré votre bon droit : tout ce que je puis vous
« dire, c'est que j'ai plaidé comme un ange. »

CLITANDRE.

              Le trait est des plus consolants,
Pour un homme qui perd plus de vingt mille francs.

DAMON poursuit.

« Tout le monde a trouvé le jugement ridicule,
« et a dit hautement que, pour n'avoir pas gagné
« une cause que j'avais si bien plaidée, il fallait
« que ma partie fût née sous une planète bien mal-
« heureuse. »

CLITANDRE.

Ah ! qu'on a bien raison ! grâces à ma planète,
Je suis de l'infortune une image parfaite !

DAMON, poursuit

« Ce vendredi à deux heures après midi. »

CLITANDRE.

Du malheur qui m'arrive, ah ! je suis peu surpris,
Rien ne me réussit jamais les vendredis !

DAMON, reprend.

« J'avais oublié de vous marquer que je soupçonne
« votre procureur d'avoir été d'intelligence avec votre
« partie adverse. »

CLITANDRE.

Oh ! mon rêve à ce coup en plein se vérifie !
J'ai vu mon procureur boire avec ma partie :
Qu'on dise après cela que tout songe est menteur ;
Et vous présentement, riez de ma terreur ;
Dites du moidre effroi que je reçois l'empreinte,
Et crois un songe vain enfanté par la crainte.
Démentez ce billet.

DAMON.

Je veux qu'à cet égard
Votre rêve, monsieur, ait dit vrai par hasard ;
Vous le trouverez faux bientôt dans tout le reste.

CLITANDRE.

Non, dans ce triste jour tout va m'être funeste !
Vous me verriez tranquille, et non pas éperdu,
Si mes maux se bornaient à mon procès perdu :
Mais je regarde en lui les suites qu'il présage ;
'l est comme l'éclair qui devance l'orage ;
'l est le noir signal que le ciel en courroux
Vient, tout prêt à frapper, de déployer sur nous.
Hortense recevra de fâcheuses nouvelles ;
Mon ouvrage essuîra des disgrâces cruelles.
Justifiant l'effroi dont mon cœur est rempli,
Mon rêve en tous ses points va se voir accompli !
Courez dire aux acteurs, cher ami, je vous prie,
De ne pas aujourd'hui donner ma comédie ;
Que pour la retarder j'ai des motifs puissants,
Rendez-moi ce service, et sans perdre de temps.

DAMON.

N'en déplaise aux frayeurs de votre esprit crédule,

Cette commission est par trop ridicule,
Je ne m'en eharge point.

CLITANDRE.

Seulement dites-leur
De remettre à lundi, c'est mon jour de bonheur.

DAMON.

Vous vous moquez, la pièce est pour ce soir promise ;
Au lieu de vous servir, c'est vouloir qu'on vous nuise :
Vous indisposeriez le public contre vous.
Les acteurs à cela doivent s'opposer tous.

CLITANDRE.

Après votre refus dans ce péril extrême,
Je saurai les trouver et leur parler moi-même.

DAMON,

Ah ! vous n'en ferez rien, et vous n'y songez pas ;
Pour vous en empêcher, je marche sur vos pas.

(Il suit Clitandre.)

SCÈNE III

ARLEQUIN.

Avec tout son savoir, ah ! que mon maître est bête !
La frayeur à la fin lui tournera la tête ;
Qu'il m'a frappé d'un coup que j'ai fort sur le cœur !
Me battre pour siffler par pure inadvertance !
Que n'en puis-je au parterre aller prendre vengeance ?
A messieurs mes pareils pourquoi l'interdit-on ?
Je sifflerais alors, mais sur un joli ton :
Quel plaisir pour vingt sous de huer comme un diable !
Je rendrais pour le coup son rêve véritable.
Il veut être caché dans cette occasion,
Mais pour mieux me venger je nommerais son nom,
Et je dirais tout haut : La pièce est de Clitandre,
Epargnez-vous, messieurs, la peine de l'entendre,
Il croit avoir produit quelque chose de beau ;
Mais l'ouvrage est un monstre, et l'auteur un bourreau.

SCÈNE IV

CLITANDRE, ARLEQUIN.

CLITANDRE.

Damon m'a su convaincre, et sa raison m'éclaire ;
Mon effroi se dissipe aux traits de sa lumière :
Sans lui, sans ses conseils, dans mes fausses terreurs,
J'allais, à mes dépens, divertir les acteurs :
J'aurais, à leurs regards dévoilant ma faiblesse,
Ajouté follement une scène à ma pièce,
Dont j'allais devenir moi-même le héros.
Je lui dois ma raison, je lui dois mon repos.
C'en est fait, mon esprit ne croit plus au présage.
J'attends présentement le sort de mon ouvrage
Avec la fermeté qu'un sage doit avoir ;
Et, sans trop présumer, je sens un noble espoir :
Je prétends me montrer, quoi que le destin fasse,
Modeste dans ma gloire, ou fort dans ma disgrâce.

ARLEQUIN.

Ah ! qu'entends-je, monsieur ? quel heureux change-
[ment !
Puissiez-vous persister dans un tel sentiment !

CLITANDRE.

Oui, j'y persisterai ; je suis aimé d'Hortense ;
Mes feux vont être heureux, selon toute apparence ;
Que me faut-il de plus ? armé d'un tel bonheur,
Je puis du sort jaloux défier la fureur.

ARLEQUIN.

Tremblez, monsieur, j'entends la pendule qui sonne.

CLITANDRE.

Voilà l'heure fatale, et tout mon corps frissonne !

SCÈNE V

CLITANDRE, DAMON, ARLEQUIN.

DAMON.

Allons, courage, ami, le présage est flatteur ;

Votre songe commence à se trouver menteur,
Car vous aurez grand monde à votre comédie;
De carrosses déjà cette rue est remplie.

CLITANDRE.

Tant pis, un si grand monde est toujours dangereux :
Le tumulte accompagne un public trop nombreux.

ARLEQUIN.

Ah! monsieur, dissipez la peur qui vous domine.
Le souffleur, avec qui j'ai bu tantôt chopine,
M'a dit que sur la pièce il faisait un grand fond;
Et, qui plus est encor, tout l'orchestre en répond.

CLITANDRE.

Ce suffrage me donne une assurance extrême.

DAMON.

Mais les comédiens en répondent eux-mêmes.
Ils le disent tout haut.

CLITANDRE.

Que m'annoncez-vous là?
Je suis perdu, monsieur, ma pièce déplaira.
Le malheur suit toujours les ouvrages qu'on vante,
L'exemple nous le prouve, et le sort m'épouvante.

DAMON.

Moi, j'espère au retour vous faire compliment;
Et je cours me placer sans perdre un seul moment.

CLITANDRE.

Allez vite; en un jour de combat et de guerre,
On ne saurait avoir trop d'amis au parterre.
De marcher sur vos pas je ne puis m'empêcher,
Au fond du paradis je m'en vais me cacher.

ARLEQUIN.

C'est l'enfer des auteurs qu'un paradis semblable,
Monsieur.

CLITANDRE, en s'en allant.

Ce qu'il me dit n'est que trop véritable.

SCÈNE VI

ARLEQUIN.

S'il tremble maintenant, ce n'est pas sans raison.

Tout brave que je suis, j'ai pour lui le frisson ;
Ce qui présentement m'alarme davantage,
C'est qu'il m'a, ventrebleu, dépeint dans son ouvrage :
J'y parais sous mon nom comme sous mes habits :
Un homme comme moi craint d'être compromis ;
Si le nom d'Arlequin, ce nom si respectable,
Se voyait bafoué, ce serait bien le diable !
Comme la comédie est à deux pas d'ici,
Je n'irai pas bien loin pour en être éclairci.
Courons-y de ce pas... Mais on vient ; c'est mon maître.
O ciel ! en quel état je le revois paraître !

SCÈNE VII.

CLITANDRE, ARLEQUIN.

ARLEQUIN.

Qu'avez-vous ?

CLITANDRE.

Un fauteuil, vite, je n'en puis plus !
Mes sens, jamais mes sens ne furent plus émus.
J'entre à la comédie, admirer mon étoile !
Dans le moment fatal qu'on a levé la toile ;
Du monde que je vois je suis épouvanté ;
J'entends mugir les flots du parterre agité :
Je regarde en tremblant tous ces juges sévères,
Que ne sauraient fléchir ni brigues, ni prières.
De mon supplice alors je crois voir les apprêts :
Tous les cris que j'entends me semblent des sifflets ;
Quand, pour comble d'effroi, j'aperçois un vieux cuistre,
Dont je n'ai jamais vu le visage sinistre,
Qu'il ne m'ait annoncé quelque malheur prochain :
Il me fixe des yeux, me montre de la main ;
Je lis dans ses regards ma mortelle sentence,
Et veux me dérober à sa noire présence ;
Mais je fais un faux pas, et culbute en fuyant ;
Voilà l'auteur tombé, dit-il en me voyant ;
C'est lui, je le connais ; je crains que pour l'ouvrage
Cette chute ne soit d'un funeste présage.

Ces mots me percent l'âme, et je reviens enfin
La pâleur sur le front, et la peur dans le sein,

SCÈNE VIII

CLITANDRE, ARLEQUIN, UN LAQUAIS.

UN LAQUAIS.

Une lettre, monsieur...

CLITANDRE.

De quelle part vient-elle ?
Tu fus toujours porteur de mauvaise nouvelle.

(Il lit.)

« Mon père arrive en ce moment;
« Il approuve notre flamme,
« Et pour époux j'obtiens l'amant
« Qui pouvait seul toucher mon âme.
« Enchanté, comme moi, d'un aveu si flatteur,
« Clitandre connaît-il l'excès de mon bonheur? »
Mon cœur est transporté! Si le public affable
Faisait à mon ouvrage un accueil favorable,
Et s'il m'applaudissait en cet heureux instant,
Non, il ne serait pas de mortel plus content!

ARLEQUIN.

Monsieur, d'un bon succès ce billet vous assure.

CLITANDRE.

Ah! mon procès perdu m'est d'un mauvais augure.
Mais voyons au plus tôt cet objet ravissant,
Et nous visiterons le parterre en passant.

FIN

L'HOMME DU JOUR

PERSONNAGES

LE BARON.
LE MARQUIS, amant aimé de Lucile.
M. DE FORLIS, ami du baron.
LUCILE, fille de M. de Forlis, et promise au baron.

CÉLIANTE, sœur du baron.
LA COMTESSE, sœur du baron.
LISETTE, suivante.
CHAMPAGNE, valet du marquis.
UN LAQUAIS.

(La scène est à Paris, chez le baron.)

ACTE PREMIER

SCÈNE I. — CÉLIANTE, LISETTE.

LISETTE.

Je suis, je suis outrée!

CÉLIANTE.

Eh! pourquoi donc, Lisette?

LISETTE.

Avec trop de rigueur votre frère nous traite.
Il vient injustement de chasser Bourguignon.
Si cela dure, il faut déserter la maison.

CÉLIANTE.

Va, Bourguignon a tort si le baron le chasse.

LISETTE.

Non, un discours très-sage a causé sa disgrâce.
C'est pour l'appartement que monsieur de Forlis
Occupe dans l'hôtel, quand il est à Paris.
Monsieur, qui sûrement l'attend cette semaine,
Vient d'y mettre un abbé qu'il ne connaît qu'à peine.
Le pauvre Bourguignon a voulu bonnement

Hasarder là-dessus son petit sentiment :
« Monsieur, dit-il, je dois, en valet qui vous aime,
« Avouer que je suis dans une crainte extrême
« Que monsieur de Forlis ne soit scandalisé
« De se voir délogé ainsi d'un air aisé.
« C'est un homme de nom, c'est un vieux militaire,
« Gouverneur d'une place, et que chacun révère.
« Vous lui devez, monsieur, un respect infini,
« Et d'autant plus qu'il est votre ancien ami,
« Et qu'il doit à Paris incessamment se rendre,
« Pour couronner vos feux, et vous faire son gendre. »
A peine a-t-il fini, que son zèle est payé
D'un soufflet des plus forts, et de trois coups de pié.
Révolté de se voir maltraiter de la sorte,
Il veut lui répliquer; il est mis à la porte,
Moi, je veux, par pitié, parler en sa faveur.
Mais, loin de s'apaiser, monsieur entre en fureur.
A moi-même il me dit les choses les plus dures.
Mon oreille est peu faite à de telles injures.
J'ai lieu d'être surprise, et j'ai peine à penser
Qu'un homme si poli les ait pu prononcer.

CÉLIANTE.

Un tel rapport m'étonne.

LISETTE.

                    Il est pourtant fidèle.
Son service est trop dur. Sans vous, mademoiselle,
Dont la bonté m'attache, et m'arrête aujourd'hui,
Je ne resterais pas un moment avec lui.

CÉLIANTE.

Mais mon frère est si doux !

LISETTE.

                    Oui, rien n'est plus aimable;
Son commerce est charmant, son esprit agréable,
Quand on n'est avec lui qu'en simple liaison ;
Mais il n'est pas le même au sein de sa maison.
Cet homme qui paraît si liant dans le monde,
Chez lui quitte le masque ; on voit la nuit profonde
Succéder sur son front au jour le plus serein,
Et tout devient alors l'objet de son chagrin.

Je viens de l'éprouver d'une façon piquante.
De sa mauvaise humeur vous n'êtes pas exempte.

CÉLIANTE.

Lisette, il n'est point d'homme à tous égards parfait.

LISETTE.

Rien n'est pire que lui, quand il se montre en laid.

CÉLIANTE.

Tu dois...

LISETTE.

Pour l'épargner je suis trop en colère.
Il est fort mauvais maître, et n'est pas meilleur frère ;
Le nom d'ami suffit pour en être oublié.
Il ne traite pas mieux l'amour que l'amitié ;
Et la jeune Lucile en est un témoignage.
En amant qui veut plaire, il lui rendait hommage,
Quand ses yeux, au parloir, contemplaient sa beauté.
Mais depuis que l'hymen entre eux est arrêté,
Qu'il a la liberté de la voir à toute heure,
Et que dans ce logis elle fait sa demeure,
Près d'elle il a changé de langage et d'humeur.
D'un mari, par avance, il fait voir la froideur ;
Et, comme il manque au père, il néglige la fille.

CÉLIANTE.

Ils sont tous deux censés être de la famille.

LISETTE.

Je ne m'étonne plus qu'il les traite si mal.

CÉLIANTE.

S'il s'écarte avec eux du cérémonial,
L'usage le permet, l'amitié l'en dispense,
Et monsieur de Forlis aura plus d'indulgence.
Songe qu'il est, Lisette, un ami de dix ans.

LISETTE.

C'est un droit pour le mettre au rang de ses parents.
Sa fille n'a pas l'air d'être fort satisfaite ;
Et, depuis quelque temps, elle est triste et muette.

CÉLIANTE.

Lisette, c'est l'effet de sa timidité.

LISETTE.

Mais elle faisait voir beaucoup plus de gaîté.

CÉLIANTE.

Son penchant naturel est d'aimer à se taire,
Et la simplicité forme son caractère.
L'air du couvent, d'ailleurs, rend sotte.

LISETTE.   Sotte, soit.

Mais son esprit n'est pas si simple qu'on le croit ;
Et, pour mieux en juger, regardez la sourire :
Ses yeux sont expressifs plus qu'on ne saurait dire.
Son souris, aussi fin qu'il paraît gracieux,
Nous apprend qu'elle pense, et sent encore mieux.
Monsieur, d'enfant la traite, et la brusque sans cesse.
A de franches guenons il fera politesse,
Et ne daignera pas l'honorer d'un coup d'œil.
Un pareil procédé blesse son jeune orgueil.
Son changement pour elle est un mauvais présage.
Ajoutez à cela le nouveau voisinage
De la comtesse.   CÉLIANTE.

Elle est d'un âge à rassurer.

LISETTE.

Elle est encore aimable, elle peut inspirer...

CÉLIANTE.

Elle est folle à l'excès.

LISETTE.

On plaît par la folie.

CÉLIANTE.

Il faut du sérieux.   LISETTE.

Par malheur il ennuie.

La comtesse est fort gaie, et l'enjoûment séduit.
Avec l'air du grand monde, elle a beaucoup d'esprit.
Votre frère, entre nous, goûte fort cette veuve,
Et ses regards pour elle en sont même une preuve.
Depuis qu'elle est logée à deux pas de l'hôtel,
Leur estime s'accroît.

CÉLIANTE.

Et n'a rien de réel.

Comme ils sont répandus, que c'est là leur manie,
Le même tourbillon les emporte et les lie ;
Mais c'est un nœud léger qui n'a point de soutien ;
Il paraît les serrer, et ne tient presque à rien.

L'un et l'autre se cherche à dessein de paraître,
Se prévient sans s'aimer, se voit sans se connaître ;
Commerce extérieur, union sans penchant,
Que fait naître l'usage et non le sentiment.
L'esprit vole toujours sur la superficie,
Et le cœur ne se voit jamais de la partie.
Tel est, au vrai, le monde et sa fausse amitié :
C'est par les dehors seuls qu'on s'y trouve lié ;
Et voilà ce qui fait que je fuis, que j'abhorre
Ce monde, presque autant que mon frère l'adore.

LISETTE.

Oh ! quoi que vous disiez, il a son beau côté ;
Et je trouve qu'il a de la réalité.
Mais la comtesse vient.

CÉLIANTE.
Tant pis !

LISETTE.   Elle est suivie

D'un beau jeune seigneur.

CÉLIANTE.
Sa visite m'ennuie.

SCÈNE II. — CÉLIANTE, LA COMTESSE, LE MARQUIS, LISETTE.

LA COMTESSE.

Nous cherchons le baron avec empressement ;
J'ai même à lui parler très-sérieusement.
Qu'on aille l'avertir, je ne saurais attendre.

CÉLIANTE.

J'irai, si vous voulez, le presser de descendre,
Madame !   LA COMTESSE.

Non, restez, je vous prie, avec nous ;
Lisette aura ce soin.

CÉLIANTE, à Lisette.
Vite, dépêchez-vous,

(Lisette sort.)

SCÈNE III. — LA COMTESSE, CÉLIANTE, LE MARQUIS.

LA COMTESSE, bas, au marquis.

Son air est emprunté.

LE MARQUIS, à la comtesse.
Mais il est noble et sage.
LA COMTESSE.
Je veux l'apprivoiser, elle est un peu sauvage.
CÉLIANTE, à part.
Je n'éprouvai jamais un pareil embarras.
LA COMTESSE, à Céliante.
Mais vous fuyez le monde, et l'on ne vous voit pas.
Dans votre appartement, quoi ! toujours retirée ?
Jeune et formée en tout pour être désirée,
Quel injuste penchant vous porte à vous cacher ?
Il faut donc, pour vous voir, qu'on vienne vous chercher ?
Je prétends vous tirer de cette nuit profonde,
Vous inspirer l'amour et l'esprit du grand monde.
Se tenir constamment recluse comme vous,
C'est exister sans vivre, et n'être point pour nous.
CÉLIANTE.
Vos soins m'honorent trop.
LA COMTESSE.
Trève de modestie.
CÉLIANTE.
Vos bontés...   LA COMTESSE.
Laissons là mes bontés, je vous prie.
CÉLIANTE.
L'obscurité convient aux filles comme moi.
LA COMTESSE.
De conduire vos pas je veux prendre l'emploi.
CÉLIANTE.
Pour suivre votre essor et l'esprit qui vous guide,
Ma raison est trop faible, et mon cœur trop timide.
Les préjugés communs me tiennent sous leurs lois ;
Et je soutiendrais mal l'honneur de votre choix.
LA COMTESSE.
Vous êtes demoiselle, et faite pour paraître,
Et vous ne brûlez pas de vous faire connaître ?
Vous flatter, vous nourrir de cet unique soin,
Pour vous est un devoir, je dis plus, un besoin ;
Et celui de dormir et de se mettre à table,
N'est pas plus fort chez nous que celui d'être aimable.

La nature, à mon sexe, en a fait une loi.
Se répandre et briller, c'est respirer, pour moi.

CÉLIANTE.

Je mets, pour moi, qui n'ai nulle coquetterie,
A fuir sur tout l'éclat, le bonheur de la vie ;
Et je tâche à trouver ce souverain bonheur,
Non dans l'esprit d'autrui, mais au fond de mon cœur.

LE MARQUIS, à la comtesse.

Au sein de la raison sa réponse est puisée.
J'en suis édifié.

LA COMTESSE, au marquis.

Moi, très-scandalisée.

(A Céliante.)

Mais il faut donc, par goût, que vous aimiez l'ennui ?

CÉLIANTE.

Il ne m'est inspiré jamais que par autrui.

LA COMTESSE, à part.

Qu'elle est sotte à mes yeux !

CÉLIANTE, à part.

Qu'elle est extravagante !

SCÈNE IV. — LA COMTESSE, CÉLIANTE, LE MARQUIS, LISETTE.

LA COMTESSE, à Lisette.

Le baron viendra-t-il ? car je m'impatiente.

LISETTE.

Madame, il est sorti.

LA COMTESSE.

Bon ! Je m'en doutais bien.

LISETTE.

Mais il va dans l'instant rentrer.

LA COMTESSE.

Je n'en crois rien.

Où sera-t-il ?

CÉLIANTE.

Je vais moi-même m'en instruire :
Et, quelque part qu'il soit, je vais lui faire dire
Que madame l'attend.

LA COMTESSE.
Un tel soin est flatteur.

(Célianto sort.)

SCÈNE V. — LA COMTESSE, LE MARQUIS.

LA COMTESSE.
Se peut-il du baron que ce soit là la sœur ?
Comment la trouvez-vous ? Parlez.

LE MARQUIS.
Très-estimable.

LA COMTESSE.
Son esprit est brillant !

LE MARQUIS.
Mais il est raisonnable.

Et le bon sens, madame...

LA COMTESSE.
Est chez vous déplacé.
Il sied bien à vingt ans, monsieur, d'être sensé !

LE MARQUIS.
On peut l'être à tout âge.

LA COMTESSE.
Ah ! quel travers extrême !
Je ne puis m'empêcher d'en rougir pour vous-même.

LE MARQUIS.
Je fais cas du bon sens ; et bien loin d'en rougir,
J'ai le front de le dire et de m'en applaudir.

LA COMTESSE.
Vous prisez le bon sens ! O ciel ! puis-je le croire ?
Un jeune homme de cour peut-il en faire gloire ?
C'est un être nouveau qui n'avait point paru.

SCÈNE VI. — LA COMTESSE, LE MARQUIS, LE BARON.

LA COMTESSE, au baron.
Ah ! baron, venez voir ce qu'on n'a jamais vu,
Et qui ne peut passer même pour vraisemblable :
Un marquis de vingt ans prudent et raisonnable,
Qui l'ose déclarer, et qui n'en rougit point !

LE BARON.

C'est un modèle.

LA COMTESSE.

A fuir. Mais brisons sur ce point.
Un soin intéressant m'a chez vous amenée.
Je viens vous retenir pour cette après-dînée.
Monsieur Vacarmini fait un bruit étonnant.

LE BARON.

On le vante beaucoup.

LA COMTESSE.

C'est le plus surprenant,
Le plus fort violon de toute l'Italie.
Pour l'entendre avec vous, j'ai lié la partie.

LE BARON.

Madame me propose un plaisir bien flatteur ;
Mais je suis chez le duc engagé, par malheur.

LA COMTESSE.

Partout on le souhaite, et chacun se l'arrache.
Je vous l'ai dit, marquis, heureux qui se l'attache !

LE MARQUIS.

Je n'en suis pas surpris, aimable comme il est.

LE BARON.

L'une et l'autre épargnez votre ami, s'il vous plaît.

LA COMTESSE.

Il faut vous dégager. J'attends la préférence.

LE BARON.

C'est me faire une aimable et douce violence.
Cependant...   LA COMTESSE.

Cependant vous viendrez avec nous.

LE MARQUIS.

Je vous en prie.

LA COMTESSE.

Et moi, je l'exige de vous.

LE BARON, à la comtesse.

Vous l'exigez !

LA COMTESSE.

Sans doute ; et vos rigueurs m'étonnent.

LE BARON.

Je ne résiste plus, quand les dames l'ordonnent.

LA COMTESSE.

Je puis compter sur vous?

LE BARON.

Oui.

LA COMTESSE.

Je dois à présent
Vous parler sur un point tout à fait important.
Il court de vous un bruit qui m'étonne et m'afflige.

LE BARON.

C'est donc un bruit fâcheux?

LA COMTESSE.

Des plus fâcheux, vous dis-je;
Il m'alarme pour vous.

LE BARON.

Vraiment vous m'effrayez :
Expliquez-vous.

LA COMTESSE.

On dit que vous vous mariez.

LE BARON.

De vos craintes pour moi, comment, c'est là la cause?

LA COMTESSE.

Oui. Dit-on vrai?

LE BARON.

Mais...

LA COMTESSE.

Mais...

LE BARON.

Il en est quelque chose.

LA COMTESSE.

Tant pis!

LE MARQUIS.

L'hymen est donc bien terrible à vos yeux?

LA COMTESSE.

Tout des plus.   LE BARON.

Il faut prendre un parti sérieux.

LA COMTESSE.

Jamais.   LE BARON.

Je suis l'exemple, et je cède à l'usage.
C'est un joug établi que subit le plus sage.

LA COMTESSE.

Je vous connais, baron, il n'est pas fait pour vous.
Vos amis à ce nœud doivent s'opposer tous.
L'hymen en vous va faire un changement extrême ;
Le monde y perdra trop, vous y perdrez vous-même
La moitié, tout au moins, du prix que vous valez.
Etre couru, fêté partout où vous allez ;
Etre aimable, amusant, et ne songer qu'à plaire,
Voilà votre état propre, et votre unique affaire.
L'homme du monde est né pour ne tenir à rien :
L'agrément est sa loi, le plaisir son lien ;
S'il s'unit, c'est toujours d'une chaîne légère,
Qu'un moment voit former, qu'un instant voit défaire ;
Il fuit jusques au nœud d'une forte amitié :
Il est toujours liant, et n'est jamais lié.

LE BARON.

Le ciel pour tous les rangs m'a formé sociable.

LA COMTESSE.

Non, je lis dans vos yeux que l'hymen redoutable
Doit aigrir la douceur dont vous êtes pétri,
Et d'un garçon charmant faire un triste mari.

LE MARQUIS.

Monsieur ne doit pas craindre un changement semblable.
Pour l'éprouver, madame, il est né trop aimable.
Je suis sûr qu'il a fait d'ailleurs un choix trop bon.

LE BARON.

Mon cœur a pris, surtout, conseil de la raison.

LA COMTESSE.

Conseil de la raison ! Juste ciel ! quel langage !

LE BARON.

On doit la consulter en fait de mariage.

LA COMTESSE.

Je pardonne au marquis d'oser me la citer ;
Mais vous et moi, monsieur, devons-nous l'écouter ?
Nous sommes trop instruits qu'elle est une chimère.

LE MARQUIS.

La raison, chimère !

LA COMTESSE.

Oui !

LE MARQUIS.
L'idée est singulière.
LA COMTESSE.
C'est un vieux préjugé qui porte à tort son nom
LE MARQUIS.
Pour moi, je reconnais une saine raison.
Loin d'être un préjugé, madame, elle s'occupe
A détruire l'erreur dont le monde est la dupe ;
Nous aide à démêler le vrai d'avec le faux,
Epure les vertus, corrige les défauts ;
Est de tous les états comme de tous les âges,
Et nous rend à la fois sociables et sages.
LA COMTESSE.
Moi, je soutiens qu'elle est elle-même un abus,
Qu'elle accroît les défauts, et gâte les vertus,
Etouffe l'enjoûment, forme les sots scrupules,
Et donne la naissance aux plus grands ridicules ;
De l'âme qui s'élève arrête les progrès,
Fait les hommes communs, ou les pédants parfaits :
Raison qui ne l'est pas, que l'esprit vrai méprise,
Qu'on appelle bon sens, et qui n'est que bêtise.
LE MARQUIS.
Le bon sens n'est pas tel.
LE BARON.
Mais il en est plusieurs.
Chacun a sa raison qu'il peint de ses couleurs.
La comtesse a beau dire, elle-même a la sienne.
LA COMTESSE.
J'aurais une raison, moi !
LE BARON.
La chose est certaine ;
Sous un nom opposé vous respectez ses lois.
LA COMTESSE.
Quelle est cette raison qu'à peine je conçois ?
LE BARON.
Celle du premier ordre, à qui la bourgeoisie
Donne vulgairement le titre de folie ;
Qui met sa grande étude à badiner de tout,
Est mère de la joie, et source du bon goût ;

Au milieu du grand monde établit sa puissance,
Et de plaire à ses yeux enseigne la science ;
Prend un essor hardi, sans blesser les égards,
Et sauve les dehors jusque dans ses écarts;
Brave les préjugés, et les erreurs grossières,
Enrichit les esprits de nouvelles lumières,
Echauffe le génie, excite les talents,
Sait unir la justesse aux traits les plus brillants ;
Et se moquant des sots, dont l'univers abonde,
Fait le vrai philosophe, et le sage du monde.

LA COMTESSE.

L'heureuse découverte! Adorable baron !
Vous venez pour le coup de trouver la raison ;
Et j'y crois à présent, puisqu'elle est embellie
De tous les agréments de l'aimable folie.
Le marquis à ses lois ne se soumettra pas ;
A la vieille raison il donnera le pas.

LE MARQUIS.

Une telle folie est la sagesse même :
Je cède, comme vous, à son pouvoir suprême.

LA COMTESSE, montrant le baron.

Mais les plus grands efforts lui deviennent aisés,
Il accorde d'un mot les partis opposés.
Quel liant dans l'esprit, et dans le caractère!
Adieu ; j'ai ce matin des visites à faire.
A trois heures chez moi je vous attends tous deux.
Vous, baron, renoncez à l'hymen dangereux :
Vous ne devez avoir que le monde pour maître.
La raison, qu'aujourd'hui vous me faites connaître,
Vous parle par ma bouche, et vous fait une loi
De vivre indépendant, et libre comme moi.
Soyons toujours en l'air : des choses de la vie
Prenons la pointe seule et la superficie.
Le chagrin est au fond, craignons d'y pénétrer.
Pour goûter le plaisir, ne faisons qu'effleurer.

(Elle sort.)

SCÈNE VII. — LE BARON, LE MARQUIS.

LE MARQUIS. [s'ouvre,
Nous sommes seuls, monsieur; il faut que mon cœur
Et que ma juste estime à vos yeux se découvre.
Les plaisirs que de vous dans huit jours j'ai reçus,
La façon d'obliger que je mets au-dessus ;
Ce dehors prévenant, cet abord qui captive,
Tout m'inspire pour vous l'amitié la plus vive.
Votre intérêt, monsieur, me touche vivement ;
Et puisque vous allez prendre un engagement,
Instruisez-moi, de grâce, et que de vous j'apprenne
La part qu'à ce lien vous voulez que je prenne.
C'est sur vos sentiments que je veux me régler ;
Je m'y conformerai, vous n'avez qu'à parler.

LE BARON.
Mon estime pour vous est égale à la vôtre,
Et je vous ai d'abord distingué de tout autre.
Je vous connais, monsieur, depuis fort peu de temps,
Et vous m'êtes plus cher qu'un ami de dix ans.
Ma rapide amitié se forme en deux journées,
Et les instants chez moi font plus que les années.
Un mérite d'ailleurs frappant et distingué...

LE MARQUIS.
Ah ! monsieur...   LE BARON.
Je dis vrai, vous m'avez subjugué.
Mon cœur, autant par goût que par reconnaissance,
Va donc de ses secrets vous faire confidence.
Aux yeux de la comtesse il vient de se cacher ;
Mais il veut devant vous tout entier s'épancher.
Celle dont j'ai fait choix est jeune, belle, sage,
Et sa première vue obtient un prompt hommage.
Il n'est point de regard aussi doux que le sien.
Elle a de la naissance, elle attend un grand bien.
Ce qui doit à mes yeux la rendre encor plus chère,
Une longue amitié m'unit avec son père.

LE MARQUIS.
Que de biens réunis ! je puis présentement
Vous témoigner combien...

LE BARON.
Arrêtez; doucement.
Vous croyez, sur les dons que je viens de décrire,
Qu'il ne manque plus rien au bonheur où j'aspire.
Détrompez-vous, marquis; apprenez qu'un seul trait
En corrompt la douceur, et gâte le portrait.
Cet objet si charmant dont mon âme est éprise,
Sous un dehors flatteur cache un fond de bêtise :
Je ne sais de quel nom je le dois appeler.
C'est un être qui sait à peine articuler :
Triste sans sentiment, rêveuse sans idée,
C'est par le seul instinct qu'elle paraît guidée.
Dans le temps qu'elle lance un coup d'œil enchanteur,
Un silence stupide en dément la douceur.
D'aucune impression son âme n'est émue,
Et je vais épouser une belle statue.

LE MARQUIS.
Le temps et vos leçons l'apprendront à penser.

LE BARON.
Non, il n'est pas possible, et j'y dois renoncer.
Auprès d'elle, il n'est rien que n'ait tenté ma flamme
Tous mes efforts n'ont pu développer son âme.
Trompé par le désir, mon amour espérait
Qu'au sortir du couvent elle se formerait.
Prêt d'être son époux, et brûlant de lui plaire,
Je l'ai prise chez moi, de l'aveu de son père;
Elle est avec ma sœur, qui seconde mes soins :
Mais, inutile peine ! elle en avance moins.
Son esprit chaque jour s'affaiblit, loin de croître;
Je la trouvais encor moins sotte dans le cloître :
Elle montrait alors un peu plus d'enjoûment,
De petites lueurs perçaient même souvent;
Elle répondait juste à ce qu'on voulait dire,
Et quelquefois du moins on la voyait sourire.
A peine maintenant puis-je en tirer deux mots!
Un non, un oui, placés encor mal à propos,
A sa stupidité chaque moment ajoute :
Son âme n'entend rien, quand son oreille écoute.
Jugez présentement si mon bonheur est pur,

Et de mes sentiments si je puis être sûr.

LE MARQUIS.

Tous les biens sont mêlés, et chacun a sa peine.

LE BARON.

Il n'en est point qui soit comparable à la mienne.
Pour cet objet fatal je passe, tour à tour,
Du désir au dégoût, du mépris à l'amour.
Je la trouve imbécile, et je la vois charmante :
Son esprit me rebute, et sa beauté m'enchante.
Pour nous unir, son père arrive incessamment :
Je tremble comme époux, je brûle comme amant.
Quel bien de posséder une amante si belle !
Mais prendre, mais avoir pour compagne éternelle,
Une beauté dont l'œil fait l'unique entretien,
Sans âme, sans esprit, dont le cœur ne sent rien ;
Pour un homme qui pense, et né surtout sensible,
Quel supplice, marquis, et quel contraste horrible !

LE MARQUIS.

Je plains votre destin ; mais quoiqu'il soit fâcheux,
Je connais un amant beaucoup plus malheureux.

LE BARON.

Cela ne se peut pas ; mon malheur est extrême.
Qui peut en éprouver un plus grand ?

LE MARQUIS.   C'est moi-même.

LE BARON.

Vous, marquis?   LE MARQUIS.

            Moi, baron ; et pour vous consoler,
Mon cœur veut à son tour ici se dévoiler.
Apprenez un secret ignoré de tout autre :
Ma confiance est juste, et doit payer la vôtre.
Notre choix a d'abord de la conformité.
J'adore, comme vous, une jeune beauté
Que j'ai vue au couvent, dont la grâce ingénue
Frappe au premier abord, intéresse, et remue.
Le doux son de sa voix, et ses regards vainqueurs
Sont d'accord pour porter l'amour au fond des cœurs.
La nature a tout fait pour cette fille heureuse,
Et ne s'est point montrée à moitié généreuse.
Votre amante, baron, n'a que les seuls dehors,

La mienne réunit seule tous les trésors.
Ses yeux, et son souris où règne la finesse,
Annoncent de l'esprit et tiennent leur promesse ;
Elle parle fort peu, mais pense infiniment :
A l'égard de son cœur, c'est le pur sentiment,
Il s'attache, il est fait exprès pour la tendresse,
Et pétri par les mains de la délicatesse.

LE BARON.

Vous en parlez trop bien pour n'être pas aimé.

LE MARQUIS.

Oui, je crois l'être autant que je suis enflammé.

LE BARON.

Vous êtes trop heureux, et je vous porte envie.

LE MARQUIS

Attendez, mon histoire encor n'est pas finie ;
Vous ignorez le point critique et capital.
Obligé d'entreprendre un voyage fatal,
J'ai perdu malgré moi ma maîtresse de vue.
Je ne sais, qui plus est, ce qu'elle est devenue.
Nous nous sommes écrit d'abord exactement,
Et ses lettres suivaient les miennes promptement :
Mais elle a tout à coup cessé de me répondre.
J'ai pressé mon retour, je suis parti de Londres ;
Et mes feux empressés, d'abord en arrivant,
M'ont fait, pour la revoir, voler à son couvent.
Vain espoir ! on m'a dit qu'elle en était sortie ;
C'est tout ce que j'en sais. Une main ennemie,
Que je ne connais pas, l'arrache à mon amour,
Et ce coup à mes yeux l'enlève sans retour.

LE BARON.

Vous possédez son cœur.

LE MARQUIS.

                    Douceur cruelle et vaine !
Le bonheur d'être aimé met le comble à ma peine.

LE BARON.

Vos recherches, vos soins, pourront la découvrir.

LE MARQUIS.

Non, je n'espère plus d'y pouvoir réussir ;
Et dans tous mes projets le malheur m'accompagne ;

J'ai mis depuis huit jours tous mes gens en campagne.
Mais inutilement : ils ne m'apprennent rien.

LE BARON.

N'importe, votre sort est plus doux que le mien :
Le pis est de brûler pour une belle idole.

LE MARQUIS.

Vous la posséderez ; c'est un bien qui console.
Mais pour mes feux trompés cet espoir est détruit :
Plus l'objet est parfait, et plus sa perte aigrit.
Je suis le plus à plaindre ; et mon cruel voyage...

LE BARON.

Ne nous disputons plus un si triste avantage ;
Nous éprouvons tous deux un sort plein de rigueur.
Marquis, goûtons l'unique et funeste douceur
D'être les confidents mutuels de nos peines,
Et mêlons sans témoins vos douleurs et les miennes.
Le secret de nos cœurs est un bien précieux
Que nous devons cacher à tous les autres yeux.

LE MARQUIS.

Oui, ne nous quittons plus, soyons toujours ensemble.
Le malheur nous unit, et le goût nous rassemble.
Que nos revers communs, excitant la pitié,
Servent à resserrer les nœuds de l'amitié !

LE BARON.

Presque autant que le mien votre sort m'intéresse.
Adieu ; c'est à regret qu'un moment je vous laisse.
Je vais écrire au duc qu'il ne m'attende pas.

LE MARQUIS.

Et moi, je cours, monsieur, m'informer de ce pas
Si mes gens n'ont point fait de recherche nouvelle.
Je vous rejoins après, quoi que j'apprenne d'elle.
Un ami si parfait, que j'acquiers dans ce jour,
Peut seul me consoler des pertes de l'amour.

ACTE DEUXIÈME

SCÈNE I. — LE MARQUIS, CHAMPAGNE.

LE MARQUIS.

Parle, as-tu rien appris? Champagne, instruis-moi vite.

CHAMPAGNE.

J'ai découvert, monsieur, la maison qu'elle habite.

LE MARQUIS.

Quoi! tu sais sa demeure?

CHAMPAGNE.

Oui, j'en suis éclairci.

La belle n'est pas loin.

LE MARQUIS.

Où donc est-elle?

CHAMPAGNE.   Ici.

LE MARQUIS.

Ici, dans cet hôtel?

CHAMPAGNE.

Oui, dans cet hôtel même;

Et je viens de l'y voir.

LE MARQUIS.

Ma surprise est extrême!

CHAMPAGNE.

Vous n'êtes pas au bout de votre étonnement;
Sachez qu'on la marie, et même incessamment.

LE MARQUIS.

O ciel! me dis-tu vrai?

CHAMPAGNE.

Très-vrai; je suis sincère:

Pour conclure, monsieur, on n'attend que son père.

LE MARQUIS.

Quel coup inattendu! mais à qui l'unit-on?

CHAMPAGNE.

Au maître de céans, à monsieur le baron.

LE MARQUIS.

Au baron?   CHAMPAGNE.

A lui-même, et la chose est très-sûre.

LE MARQUIS.

Grand Dieu ! la singulière et fatale aventure !
Mais elle n'est pas vraie, on vient de t'abuser :
La personne qu'il aime et qu'il doit épouser
Est brillante d'attraits, mais d'esprit dépourvue ;
C'est ainsi que lui-même il l'a peinte à ma vue :
Et celle que j'adore est accomplie en tout,
A l'extrême beauté joint l'esprit et le goût.

CHAMPAGNE.

J'ignore quel portrait il a fait de sa belle,
S'il vous l'a peinte sotte, ou bien spirituelle :
Mais je suis bien instruit, et par mes propres yeux,
Que celle qu'il épouse, et qui loge en ces lieux,
Est justement la même à qui votre émissaire
A porté vingt billets, gages d'un feu sincère.
C'est la fille en un mot de monsieur de Forlis ;
Et j'en ai pour garant tous les gens du logis.

LE MARQUIS.

Je n'en puis plus douter, et ce nom seul m'éclaire ;
Mon esprit à présent débrouille le mystère.
Le baron, pour bêtise et pour stupidité
Aura pris son air simple et sa timidité :
Elle est d'un naturel qui se livre avec crainte ;
Cet effroi s'est accru par la dure contrainte
De former un lien qui force son penchant,
Et par l'effort de taire un si cruel tourment.
Oui, le chagrin secret de voir tromper sa flamme,
Et j'aime à m'en flatter, a jeté dans son âme
Ce morne abattement, cette sombre froideur,
Qui choquent le baron, et causent son erreur.
Dans mon vif désespoir j'ai du moins l'avantage
De penser qu'aujourd'hui sa tristesse est l'ouvrage
Et le garant flatteur de son amour pour moi,
Et qu'à regret d'un père elle subit la loi.

CHAMPAGNE.

Cette grande douleur qui console la vôtre
Ne l'empêchera pas d'en épouser un autre.

LE MARQUIS.

Il est vrai, j'en frémis : c'est un bien sans effet.

Sa funeste douceur ajoute à mon regret ;
Et d'un feu mutuel la flatteuse assurance
Est un nouveau malheur quand on perd l'espérance.
Se voir ravir un cœur plein d'un tendre retour,
C'est de tous les revers le plus grand en amour ;
Et se voir enlever ce trésor qu'on adore
Par la main d'un ami qui lui-même l'ignore,
Y met encor le comble, et le rend plus affreux !
Je me plaignais tantôt de mon sort rigoureux,
Quand mes soins ne pouvaient découvrir sa demeure.
J'aurais beaucoup mieux fait de craindre et de fuir
Où je devais apprendre un secret si cruel.   [l'heure
Pour moi sa découverte est un arrêt mortel :
Je serais trop heureux d'être dans l'ignorance,
Et du baron du moins j'aurais la confidence.
Je pourrais dans son sein épancher ma douleur.
Hélas ! j'ai tout perdu jusqu'à cette douceur.
Quel état violent ! O ciel ! Que dois-je faire ?
Dois-je fuir ou rester ? m'expliquer ou me taire ?
Que dirai-je au baron ? Pourrai-je l'aborder ?
Ah ! d'avance mon cœur se sent intimider.
Je ne pourrai jamais soutenir sa présence ;
Mon trouble... juste Dieu ! je le vois qui s'avance.

(Champagne sort.)

SCÈNE II. — LE MARQUIS, LE BARON.

LE BARON.

J'étais impatient déjà de vous revoir.
Eh bien ! n'avez-vous rien à me faire savoir ?
Répondez-moi, marquis. Vous évitez ma vue.
Je vois sur votre front la douleur répandue.
Qu'avez-vous ?   LE MARQUIS.
Je n'ai rien.

LE BARON.

                Votre ton et votre air
M'assurent le contraire, et vous m'êtes trop cher
Pour vous laisser garder un si cruel silence :
Manqueriez-vous pour moi déjà de confiance ?
Ouvrez-moi votre cœur : parlez donc ?

LE MARQUIS.   Je ne puis.

LE BARON.

Mais songez que tantôt vous me l'avez promis.
Qu'avez vous découvert? que venez-vous d'apprendre?

LE MARQUIS.

Plus que je ne voulais.

LE BARON.

Je ne puis vous comprendre,
Et j'exige de vous que vous vous expliquiez :
Me tiendrez-vous rigueur après tant d'amitiés ?

LE MARQUIS.

Je dois plutôt cacher le trouble qui m'agite.
Dans l'état où je suis souffrez que je vous quitte.

LE BARON.

Non, arrêtez, marquis, vous prétendez en vain
Que je vous abandonne à votre noir chagrin.
Vous ne sortirez pas, quoi que vous puissiez faire,
Que je n'aie arraché de vous l'aveu sincère
Du sujet qui vous trouble, et qui vous porte à fuir.

LE MARQUIS.

Dispensez-moi, baron, de vous le découvrir;
Et laissez-moi...   LE BARON.

Marquis, la résistance est vaine,
Et vous m'éclaircirez.

LE MARQUIS.

Quelle effroyable gêne !
Où me vois-je réduit !

LE BARON.

Cédez donc à l'effort
D'un homme tout à vous.

LE MARQUIS.

Je crains...

LE BARON.   Vous avez tort.

Les destins qui tantôt vous cachaient vore amante
Ont-ils pu vous porter d'atteinte plus sanglante?

LE MARQUIS.

Oui, puisque ce secret par vous m'est arraché,
Je voudrais que son sort me fût encore caché :
Mes gens de sa demeure ont fait la découverte,

Mais pour rendre mes feux plus certains de sa perte
Ils m'ont trop éclairé.

LE BARON.

Que vous ont-ils appris ?

LE MARQUIS.

Tout ce que je pouvais en apprendre de pis.
J'ai su que sa famille au plus tôt la marie;
Pour comble de chagrin je vais la voir unie
Au destin d'un ami qui m'enchaîne le bras !

LE BARON.

Ce coup est affligeant; mais il n'égale pas,
Quoi que puisse opposer votre douleur extrême,
Le malheur d'ignorer le sort de ce qu'on aime :
Je trouve votre amour, dans ce nouveau chagrin,
Beaucoup moins malheureux qu'il n'était ce matin.

LE MARQUIS.

Rien n'égale, monsieur, ma disgrâce présente;
Je sens qu'elle est pour moi d'autant plus accablante
Que je ne puis choisir ni prendre aucun parti;
Toute voie est fermée à mon espoir trahi.

LE BARON.

J'en vois une pour vous très-simple.

LE MARQUIS. Quelle est-elle ?

LE BARON.

Poursuivez votre pointe auprès de votre belle.

LE MARQUIS.

Le moyen à présent, monsieur, que je la vois
Promise à mon ami dont son père a fait choix ?
Mon cœur doit renoncer plutôt à ma maîtresse;
L'honneur et le devoir y forcent ma tendresse.

LE BARON.

Il n'est pas question de devoir ni d'honneur ;
Il ne s'agit ici que de votre bonheur.

LE MARQUIS.

Monsieur, pour un moment, mettez-vous à ma place,
Feriez-vous ce qu'ici vous voulez que je fasse ?
L'amour vous ferait-il manquer à l'amitié ?

LE BARON.

Oui, marquis; sur ce point je serais sans pitié :

Le scrupule est sottise en pareille matière,
Et je ne ferais pas grâce à mon propre père.

LE MARQUIS.

Moi, je ne me sens pas tant d'intrépidité;
Et quand même j'aurais cette témérité,
Que puis-je espérer?

LE BARON.

Tout, monsieur, puisqu'on vous aime;
Vous devez réussir, j'en répondrais moi-même.

LE MARQUIS.

A quoi tous mes efforts pourraient-ils aboutir?

LE BARON.

Mais à rompre un hymen qui doit mal l'assortir.

LE MARQUIS.

Il est trop avancé.   LE BARON.

Qu'elle avoue à son père
Votre amour réciproque.

LE MARQUIS.

Elle est d'un caractère,
D'un esprit trop craintif, pour tenter ce moyen,
D'autant qu'elle a donné sa voix à ce lien;
Moi-même à l'y porter j'ai de la répugnance.
Le remords que je sens...

LE BARON.

Le remords? Pure enfance!
Ayez pour mes conseils plus de docilité,
Et le succès...   LE MARQUIS.

J'en vois l'impossibilité;
Car son hymen, vous dis-je, est près de se conclure
Demain, ce soir peut-être, et ma disgrâce est sûre.

LE BARON.

Je veux que cela soit : mettons la chose au pis.

LE MARQUIS.

Que puis-je faire alors?

LE BARON.

Ce que fait tout marquis;
Vous vous arrangerez.

LE MARQUIS.

Et de quelle manière?

LE BARON.

En voyant cette belle, en tâchant de lui plaire.

LE MARQUIS.

A mon ami ferai-je un affront si sanglant?

LE BARON.

Sur cet article-là votre scrupule est grand !
A son plus haut degré c'est porter la sagesse.
Si vos pareils avaient cette délicatesse,
Et marquaient tant d'égards pour messieurs les maris,
Je plaindrais la moitié des femmes de Paris.
Ne tenez pas ailleurs un langage semblable ;
Il vous ferait, marquis, un tort considérable.

LE MARQUIS.

Quand vous parlez ainsi, c'est sur le ton badin ;
Je forme et je veux suivre un plus juste dessein :
A mes sens révoltés quelque effort qu'il en coûte,
Le devoir me l'inspire, il faut que je l'écoute.
De l'erreur d'un ami j'abuse trop longtemps ;
Je veux la dissiper dans ces mêmes instants,
Et je vais sans détour, à quoi que je m'expose,
De mon trouble secret lui dévoiler la cause.

LE BARON.

Ah! gardez-vous-en bien, vous allez tout gâter.

LE MARQUIS.

Juste ciel ! est-ce vous qui devez m'arrêter?

LE BARON.

Oui, vous allez commettre une extrême imprudence :
Mais a-t-on jamais fait pareille confidence ?

LE MARQUIS.

Eh quoi! voulez-vous donc que je trompe en ce jour
Un homme que j'estime, et qui m'aime à son tour?

LE BARON.

Oui, trompez-le, monsieur.

                        C'est lui faire un outrage.

LE BARON.

Trompez-le encore un coup, trompez-le, c'es usage.

LE MARQUIS.

Vous me le conseillez?

LE BARON.
Très-fort, et je fais plus ;
Je l'exige de vous.

LE MARQUIS.
Je demeure confus !

LE BARON.
Mais dans vos procédés je ne puis vous comprendre !
Vous avez pour cet homme une amitié bien tendre ;
Et portant à son cœur le coup le plus mortel
Par un aveu choquant autant qu'il est cruel,
Vous voulez faire entendre à sa flamme jalouse
Que vous êtes aimé de celle qu'il épouse.
Si quelqu'un s'avisait de m'en faire un égal,
Par moi son compliment serait reçu fort mal.

LE MARQUIS.
Ces mots ferment ma bouche, et changent ma pensée :
Mon ardeur, puisqu'enfin elle s'y voit forcée,
Va suivre le parti que vous lui proposez :
Mais souvenez-vous bien que vous l'y réduisez,
Que vous êtes, monsieur, garant de ma conduite
Que vous deviendrez seul coupable de la suite ;
Et que si trop avant je me laisse entraîner,
C'est vous, et non pas moi qu'il faudra condamner.

LE BARON.
Quoi qu'il puisse arriver, je prends sur moi la chose ;
Sur ma parole, osez.

LE MARQUIS.
Je vous crois donc, et j'ose.

LE BARON.
Avant que vous sortiez : je serais curieux
Que vous vissiez l'objet... Mais il s'offre à nos yeux.

SCÈNE III. — LE BARON, LE MARQUIS,
LUCILE.

LE MARQUIS, à part.
Quel trouble ! en la voyant j'ai peine à me contraindre !

LUCILE, d'un air timide au baron.
Je cherchais votre sœur.

LE BARON.

Approchez-vous sans craindre,
Et faites politesse à monsieur le marquis.
Vous ne sauriez trop bien recevoir mes amis.
Quoi! vous voilà déjà toute déconcertée?
Vous changez de couleur, vous êtes empruntée!
Mais rassurez-vous donc. Devant le monde ainsi
Faut-il être étonnée?

LUCILE.

Eh! monsieur l'est aussi!

LE BARON.

Il l'est de votre abord.

LE MARQUIS.

Pardon, je me rappelle
Qu'ailleurs plus d'une fois j'ai vu mademoiselle.

LE BARON.

Vous l'avez vue ailleurs! Où, marquis?

LE MARQUIS.   Au courant;
Précisément au même où j'allais voir souvent,
Comme je vous l'ai dit, cette jeune personne.
La rencontre me charme autant qu'elle m'étonne.
L'estime et l'amitié les liaient de si près,
Que l'une et l'autre alors ne se quittaient jamais:
C'est cet attachement qu'elles faisaient paraître
A qui je dois, monsieur, l'honneur de la connaître.

LE BARON, à part, au marquis.

Mais rien de plus heureux pour vous que ce coup-là.
Auprès de son amie elle vous servira.
Elle est simple à l'excès; mais on peut la conduire
Sait-elle votre amour?

LE MARQUIS.

Tout a dû l'en instruire:
J'ai fait en sa présence éclater mon ardeur,
Et, comme ma maîtresse, elle connaît mon cœur.

LE BARON.

Tant mieux! j'en suis charmé, la chose ira plus vite.

LE MARQUIS.

Dans l'état incertain qui maintenant m'agite,
Souffrez que devant vous j'ose l'interroger.

LE BARON.

A répondre je vais moi-même l'engager.

LE MARQUIS.

Non, je veux sans contrainte apprendre de sa bouche
Quels sont les sentiments de l'objet qui me touche;
Parlez, belle Lucile, ils vous sont connus tous :
Mon amante n'a rien qui soit caché pour vous;
Et vous devez souvent en avoir des nouvelles.

LUCILE.

Il est vrai.   LE MARQUIS.

J'en apprends une des plus cruelles;
Ses parents, m'a-t-on dit, veulent la marier.

LUCILE.

Oui.   LE MARQUIS.

Ciel! quel oui funeste! et qu'il doit m'effrayer

LE BARON.

Rassurez-vous; je veux rompre ce mariage.

LE MARQUIS, à Lucile.

L'approuve-t-elle?

LUCILE.

Non.

LE BARON, au marquis.

Pour vous l'heureux présage !

LE MARQUIS.

Comment se trouve-t-elle à présent?   LUCILE.   Mal et bien.

LE MARQUIS.

Pense-t-elle...?   LUCILE.

Beaucoup.

LE MARQUIS.

Et que dit-elle?

LUCILE.   Rien.

LE BARON.

Quel discours! Parlez mieux, qu'on puisse vous en-

LE MARQUIS.   [tendre.

Ces mots sont d'un grand sens pour qui sait les com-
J'ai toujours eu du goût pour la précision. [prendre.

LE BARON.

Vous devez donc goûter sa conversation.

LE MARQUIS.

Infiniment, monsieur.

LE BARON.

C'est par là qu'elle brille :
Mal et bien, rien, beaucoup : la singulière fille !
Tenez, s'il est possible, un discours plus suivi.

LE MARQUIS.

Du peu qu'elle m'a dit vous me voyez ravi.

(A Lucile.)

Ma maîtresse à mon sort est-elle bien sensible ?

LUCILE.

Oui, votre état la jette en un trouble terrible ;
Moi, qui connais son cœur, je puis vous l'assurer.

LE BARON.

Prodige ! la voilà qui vient de proférer
Deux phrases tout de suite.

LE MARQUIS, à part.

A peine suis-je maître
De mes sens agités !   LUCILE.

J'en ai trop dit peut-être,
Et je m'en vais.   LE BARON.

Bon !

LE MARQUIS, à Lucile.

Non, c'est moi qui vais sortir.

(A part.)

Mon transport à la fin pourrait me découvrir.

LE BARON, au marquis.

Je vais la faire agir auprès de son amie.

LE MARQUIS.

Mademoiselle, adieu ; songez bien, je vous prie,
Qu'il faut que votre cœur pour moi parle aujourd'hui.

(Il sort.)

SCÈNE IV. — LE BARON, LUCILE.

LE BARON.

Je ne vous conçois pas ! vous êtes étonnante !
Vous paraissez toujours interdite et tremblante ;
Vous vous présentez mal, et vous n'épargnez rien
Pour ternir votre éclat par un mauvais maintien ;

Et lorsqu'à répliquer votre bouche est réduite,
C'est par monosyllabe, et sans aucune suite.
Répondez : est ce gène? est-ce obstination?
Est-ce peu de lumière? est-ce distraction?
Mais levez donc les yeux quand je vous interroge.

LUCILE.

Je vous suis obligée.

LE BARON.

Eh! sur le pied d'éloge
Prenez-vous mon discours?

LUCILE.

Mais comme il vous plaira.

LE BARON.

Le moyen de tenir à ces répliques-là?

LUCILE.

Mais j'ai mal dit, je crois.

LE BARON, à part.

Que ce je crois est bête!

LUCILE.

Excusez, mais votre air m'intimide et m'arrête.

LE BARON.

Selon vous, j'ai donc l'air bien terrible?

LUCILE.   Oui vraiment

LE BARON.

Votre bouche me fait un aveu bien charmant!

LUCILE.

Mais il est naturel.   LE BARON.

Vous êtes ingénue.

LUCILE.

Oh! beaucoup.

LE BARON.

Abrégeons : son entretien me tue!
Laissons, mademoiselle, un discours superflu.
Il faut que le marquis soit par vous secouru.

LUCILE.

Secouru!   LE BARON.

Promptement.

LUCILE.

En quoi donc, je vous prie?

LE BARON.

Il faut à son sujet parler à votre amie.
S'il n'était question que d'une folle ardeur,
Bien loin de vous presser d'agir en sa faveur,
Je vous le défendrais ; mais son amour est sage,
Et pour elle il s'agit d'un très-grand mariage
Où tout en même temps se trouvent réunis,
La naissance, le bien, avec l'âge assortis.
Son bonheur en dépend ; ainsi, mademoiselle,
C'est remplir le devoir d'une amitié fidèle.
Peignez donc à ses yeux le désespoir qu'il a ;
Dites-lui qu'il se meurt.

LUCILE.

Elle le sait déjà.

LE BARON.

N'importe, exagérez son mérite et sa flamme.
Près d'elle employez tout pour attendrir son âme,
Et de son prétendu dites beaucoup de mal :
Peignez-le dissipé, fat, inconstant, brutal.

LUCILE.

Je n'ose pas tout haut dire ce que j'en pense.

LE BARON.

Parlez, ne craignez rien.

LUCILE.

Oh ! sans la bienséance...

LE BARON.

Pour l'homme en question point de ménagement.

LUCILE, riant.

Quoi ! vous me l'ordonnez ?

LE BARON.

Oui, très-expressément.
Quand je vous parle ainsi, qui vous oblige à rire ?
C'est une nouveauté : mais j'y trouve à redire ;
Ce rire maintenant est des plus déplacés.

LUCILE.

Mais il ne l'est pas tant, monsieur, que vous pensez.

LE BARON, à part.

Ces imbéciles-là, gauches en toute chose,
Ou ne vous disent mot, ou ricanent sans cause.

(A Lucile.)
Quoi qu'il en soit, songez à ce que je vous dis :
Disposez votre amie en faveur du marquis.
Ce que j'attends de vous veut de la diligence.
Il faut...   LUCILE.
          Monsieur, voilà votre sœur qui s'avance.
                    LE BARON.
Ma sœur ! Le personnage est fort intéressant,
Et digne d'interrompre un discours important.

SCÈNE V. — LUCILE, CÉLIANTE, LE BARON.

                    LE BARON, à Lucile.
Représentez surtout, exprès je le répète,
Que l'ardeur du marquis est sincère et parfaite.
                    LUCILE.
C'est la troisième fois que vous me l'avez dit.
                    LE BARON.
Oh ! pour le bien graver au fond de votre esprit,
Morbleu ! je ne saurais assez vous le redire.
Je suis...
                    LUCILE.
          Vous vous fâchez, monsieur, je me retire.

SCÈNE VI. — CÉLIANTE, LE BARON.

                    CÉLIANTE.
Vous la traitez, mon frère, avec trop de hauteur,
Et vous l'étourdissez. Employez la douceur.
                    LE BARON.
La douceur, dites-vous? La douceur est charmante !
                    CÉLIANTE.
Trouvez bon cependant que je vous représente
Qu'une telle conduite auprès d'elle vous nuit,
Et qu'à la fin sa haine en peut être le fruit;
Qu'elle sent...   LE BARON.
          Trouvez bon que je vous interrompe,
Pour vous dire, ma sœur, que votre esprit se trompe.
                    CÉLIANTE.
Elle s'est plainte à moi, je dois vous informer...

LE BARON.

Tous ces petits propos doivent peu m'alarmer.

CÉLIANTE.

Mais vous allez bientôt voir arriver son père.
Pour son appartement comment allez-vous faire?
Ma sincère amitié...

LE BARON.

Se donne trop de soins,
Et pour notre repos, aimez-nous un peu moins

CÉLIANTE.

Vous n'avez jamais rien d'agréable à me dire.

LE BARON.

Rien d'agréable! Il faut autrement me conduire.
J'aurai soin désormais de vous faire ma cour.

CÉLIANTE.

Pour moi votre mépris augmente chaque jour.

LE BARON.

Et puisque vous aimez les choses agréables,
Je ne vous tiendrai plus que des propos aimables :
Je louerai votre esprit, votre air, votre enjoûment.

CÉLIANTE.

Ah! ne me raillez pas aussi cruellement.

LE BARON.

Céliante, pour vous je viens de me contraindre;
Je vous dis des douceurs, et vous osez vous plaindre?

CÉLIANTE.

Moi, je vous dois ici dire vos vérités,
Et vais d'un bon avis payer vos duretés.

LE BARON.

Encore des avis!   CÉLIANTE.

Vous êtes fort aimable...

LE BARON.

Le début est flatteur.

CÉLIANTE.

Prévenant, doux, affable
Pour les gens du dehors que ménage votre art;
A vos civilités le monde entier a part,
Parce qu'il est, monsieur, l'objet de votre culte,
Et l'oracle constant que votre esprit consulte;

Mais mon frère chez lui sait se dédommager
Des égards qu'il prodigue à ce monde étranger.
Il dépouille en entrant sa douceur politique;
Méprisant pour sa sœur, dur pour son domestique,
Fâcheux pour sa maîtresse, et froid pour ses amis,
Il prend une autre forme, et change de vernis.
Tout craint dans sa maison, et tout fuit sa rencontre :
Le courtisan s'éclipse, et le tyran se montre.

LE BARON, d'un ton irrité.

Ma sœur!

CÉLIANTE.

Le trait est fort, mais vous me l'arrachez;
Et j'ai peint dans le vrai, puisque vous vous fâchez.
Je l'ai fait toutefois dans une bonne vue :
Profitez-en; ou bien si l'erreur continue,
Des vôtres redoutez le funeste abandon;
Craignez de vous trouver seul dans votre maison,
Et de n'avoir d'ami que ce monde frivole,
Dont un souffle détruit l'estime qui s'envole.

SCÈNE VII. — LE BARON.

Je serais trop heureux de me voir délivré
De ces espèces-là dont je suis entouré.
Mais sortons; il est temps de faire ma tournée,
Et de régler l'essor de toute la journée.
Passons chez la marquise, et chez le commandeur;
Voyons la présidente, et puis mon rapporteur.

SCÈNE VIII. — LE BARON, LISETTE.

LISETTE.

Monsieur, je viens. .

LE BARON.

Allez...

LISETTE.

Mais daignez me permettre,
Monsieur...   LE BARON.

Mes gens au duc ont-ils porté ma lettre?

LISETTE.

Je pense que Lafleur est sorti pour cela.

LE BARON.

Je pense est merveilleux, et ces animaux-là
Répondent, la plupart, aussi mal qu'ils agissent.
Mes ordres, comme il faut, jamais ne s'accomplissent.

LISETTE.

Mais monsieur de Forlis...

LE BARON.

Quoi, monsieur de Forlis?

LISETTE.

Arrive en ce moment. Je vous en avertis,
Pour que vous descendiez.

LE BARON.

Je vous suis redevable
De venir m'avertir; le terme est admirable!

LISETTE, à part.

Quel homme! Mais, monsieur...

LE BARON.

Allez, parlez plus bas;
Annoncez désormais, et n'avertissez pas.

(Lisette rentre.)

SCÈNE IX. — LE BARON.

Forlis, pour arriver, a mal choisi son heure :
J'allais sortir, il faut que pour lui je demeure.
C'est mon ami, je vais l'embrasser simplement,
Et le quitter après le premier compliment;
Mais de le prévenir il m'épargne la peine.

SCÈNE X. — LE BARON, M. DE FORLIS.

LE BARON, embrassant M. de Forlis.

Votre santé, monsieur?

M. DE FORLIS.

Assez ferme. Et la tienne,
Baron?   LE BARON.

Bonne.   M. DE FORLIS.

Tant mieux! J'ai voulu me hâter
Pour t'unir à ma fille, et par là, cimenter
L'ancienne amitié qui nous unit ensemble.

LE BARON.

Je suis vraiment charmé que ce nœud nous assemble

M. DE FORLIS.

Tu me fais cet aveu d'un air bien glacial !
Je suis très-éloigné du cérémonial ;
Mais je veux qu'un ami, quand il me voit, s'épanche
Et me marque une joie aussi vive que franche.
Dix ans de connaissance ont ôté de mon prix,
Et ta vertu n'est pas d'accueillir des amis ;
La mienne est, par bonheur, d'avoir de l'indulgence.

LE BARON.

Pardon, mais je me vois dans une circonstance
Qui, malgré moi, monsieur, me force à vous quitter.
Je vous laisse le maître, et je cours m'acquitter
D'un devoir...

M. DE FORLIS.

Quand j'arrive !...

LE BARON.

Il est indispensable.

M. DE FORLIS.

Celui d'être avec moi me paraît préférable,
Et j'ai besoin de toi pour tout le jour entier :
Si c'est une corvée, il la faut essuyer.

LE BARON.

J'ai trente affaires.

M. DE FORLIS.

Va, trente de ces affaires
Ne doivent pas tenir contre deux nécessaires.

LE BARON.

Je ne puis différer, et j'ai promis d'honneur.

M. DE FORLIS.

De ces promesses-là je connais la valeur.

LE BARON.

Ce sont de vrais devoirs.

M. DE FORLIS.

Tiens, je vais en six phrases
Te peindre ces devoirs qu'ici tu nous emphases,
Aller d'abord montrer aux yeux de tout Paris
La dorure et l'éclat d'un nouveau vis-à-vis ;

Eclabousser vingt fois la pauvre infanterie,
Qui se sauve, en jurant, de la cavalerie ;
De toilette en toilette aller faire sa cour,
Apprendre et débiter la nouvelle du jour;
Puis au Palais-Royal joindre un cercle agréable,
Et lier pour le soir une partie aimable ;
Ne boire à ton dîner que de l'eau seulement,
Pour sabler du champagne à souper largement ;
Faire l'après-midi mille dépenses folles,
En deux médiateurs perdre huit cents pistoles ;
Sur une tabatière, ou bien sur des habits,
Dire ton sentiment, et ton sublime avis ;
Conduire à l'Opéra la duchesse indolente ;
Médire ou bien broder avec la présidente ;
Avec le commandeur parler chasse et chevaux ;
Chez le petit marquis découper des oiseaux :
Voilà le plan exact de ta journée entière,
Tes devoirs importants, et ta plus grave affaire.

LE BARON.

Monsieur le gouverneur, vous nous blâmez à tort :
On ne vit point ici comme dans votre fort.
Nous devons y plier sous le joug de l'usage :
Ce qui paraît frivole est dans le fond très-sage.
Tous ces aimables riens qu'on nomme amusement
Forment cet heureux cercle et cet enchaînement
De qui le mouvement journalier et rapide
Nous fait, par l agréable, arriver au solide.
C'est par eux que l'on fait les grandes liaisons,
Qu'on acquiert les amis et les protections ;
Au sein des jeux riants on perce les mystères ;
Le plaisir est le nœud des plus grandes affaires ;
Le succès en dépend, tout y va, tout y tient,
Et c'est en badinant que la faveur s'obtient.

M. DE FORLIS.

Il donne en habile homme un bon tour à sa cause,
Et je sens dans le fond qu'il en est quelque chose.

LE BARON.

Si j'ai quelque crédit moi-même près des grands,
Je le dois à ces riens.

M. DE FORLIS.

Je te prends sur le temps.
Pour rendre à mes regards ta conduite louable,
Emploie en ma faveur ce crédit favorable.
L'occasion est belle et voici le moment :
Fais agir tes amis pour le gouvernement
Qu'à la place du mien à la cour je demande ;
Tu sais, pour l'obtenir, que mon ardeur est grande ;
Qu'il doit, outre l'honneur, grossir mes revenus,
Et qu'il produit par an dix mille francs de plus :
Par plusieurs concurrents cette place est briguée ;
Du royaume, baron, c'est la plus distinguée.
Un homme bien instruit m'a marqué de partir ;
De mettre tout en œuvre il vient de m'avertir.
Un motif si pressant, joint à ton mariage,
M'a fait prendre la poste et hâter mon voyage.
As-tu sollicité? Depuis près de deux mois
Je t'en ai, par écrit, prié plus de vingt fois :
Tu m'as promis de voir le ministre qui t'aime ;
L'as-tu fait? Puis-je bien m'en fier à toi-même?

LE BARON.

Oui : mais permettez...

M. DE FORLIS.

Non, je te connais trop bien.
Ne crois pas m'échapper.

LE BARON.

Un seul instant.

M. DE FORLIS.   Non, rien.
Je ne te ferai pas grâce d'une seconde.
Si tu prends une fois ton essor dans le monde,
Crac, te voilà parti jusqu'à demain matin.

LE BARON.

Puisque vous le voulez, et qu'il le faut enfin,
Je dînerai chez moi.

M. DE FORLIS.

Effort rare et sublime !
Sacrifice étonnant ! grande preuve d'estime !

LE BARON.

Nous mangerons ensemble un poulet, sans façon,

Et je vais vous donner un dîner d'ami.

M. DE FORLIS.   Non.

Je crains ces dîners-là : j'aime la bonne chère ;
Et traite-moi plutôt en personne étrangère :
Tu n'auras qu'à donner les ordres pour cela,
Et l'appétit chez moi se fait sentir déjà.
Le chemin que j'ai fait est très-considérable,
Et me fait aspirer au moment d'être à table.
En attendant, passons dans mon appartement,
Nous parlerons ensemble.

LE BARON.

Attendez un moment.

M. DE FORLIS.

Comment donc ! Que veut dire un discours de la sorte ?

LE BARON.

Tout n'est pas disposé comme il convient.

M. DE FORLIS.

Qu'importe ?

Je puis m'y reposer.

LE BARON.
Non, monsieur.

M. DE FORLIS.

Et pourquoi ?

LE BARON.

C'est qu'il est occupé.

M. DE FORLIS.
Tu te moques de moi.

Et par qui donc l'est-il ?

LE BARON.

Par un fort galant homme.

M. DE FORLIS.

La chose est toute neuve ! Et cet homme se nomme ?

LE BARON.

Son nom m'est échappé.

M. DE FORLIS.

Rien n'est plus ingénu.

Mon logement est pris, et par un inconnu !

LE BARON.

C'est un abbé, monsieur.

M. DE FORLIS.
Un abbé !

LE BARON.
Mais, de grâce...

M. DE FORLIS.
Qu'on eût mis dans ma chambre un militaire, passe :
Mais un petit collet me déloger ainsi !

LE BARON.
Je n'ai pas cru, d'honneur, vous voir sitôt ici ;
Il m'est recommandé d'ailleurs par des personnes
Qui peuvent tout sur moi.

M. DE FORLIS.
Tes excuses sont bonnes.

LE BARON.
Mais si vous le voulez, monsieur, absolument,
Vous pourrez aujourd'hui prendre mon logement ;
Ou bien, comme l'abbé part dans l'autre semaine,
Et que de nos façons il faut bannir la gêne,
Vous logerez plus haut.

M. DE FORLIS.
Oui, je t'entends, baron :
Et pour le coup je vais coucher dans le donjon.

LE BARON.
Vous êtes mon ami.

M. DE FORLIS.
La chose est plus choquante :
Mais tout mon dépit cède à ma faim qui s'augmente.
Viens ; dans ce moment-ci, si tu veux m'obliger,
Loge-moi vite...

LE BARON.
Où donc ?

M. DE FORLIS.
Dans ta salle à manger.

ACTE TROISIÈME

SCÈNE I. — LE BARON, LE MARQUIS.

LE BARON.

Le Forlis, par bonheur, fait la méridienne;
Je respire. Entre nous, son amitié me gêne.
Sa fille doit parler à l'objet de vos feux.

LE MARQUIS.

Je vous suis obligé de vos soins généreux.

LE BARON.

L'affaire est en bon train.

LE MARQUIS.

Il est vrai, je commence
A me flatter, monsieur, d'une douce espérance.

LE BARON.

Je suis charmé de voir que vous pensiez ainsi.

LE MARQUIS.

La joie enfin succède au plus affreux souci.
Je ne puis exprimer le plaisir que je goûte :
On n'imagine point jusqu'où va. .

LE BARON.

Je m'en doute.

LE MARQUIS.

Non, non, vous ignorez combien il est flatteur.
Je ne sais quoi pourtant m'arrête au fond du cœur.

LE BARON.

Comment ! votre âme encore est-elle intimidée ?

LE MARQUIS.

Oui, tromper un ami révolte mon idée,
Et je sens que je blesse au fond la probité.

LE BARON.

Marquis, encore un coup, cessez d'être agité ;
Elle n'est point blessée en des choses semblables.

LE MARQUIS.

En est-il où ses droits ne soient point respectables ?
Et ne doit-elle point régler en tout nos pas ?

LE BARON.

Non, marquis, sur l'amour elle ne s'étend pas.

LE MARQUIS.

Et par quelle raison?

LE BARON.

Ce n'est pas là sa place.
Elle y serait de trop.

LE MARQUIS.

Un tel discours me passe!

LE BARON.

J'ai plus d'expérience, et dois vous éclairer.
La droiture est un frein que l'on doit révérer,
Du monde ce sont là les maximes constantes,
Dans tout ce que l'on nomme affaires importantes,
Devoirs essentiels de la société,
Dont ils sont les liens et comme le traité.
On la doit consulter, surtout dans l'exercice
Des charges de l'Etat d'où dépend la justice;
Dans ce qui, parmi nous, est de convention,
Et forme par degré la réputation :
Mais elle est sans pouvoir pour tout ce qu'on appelle
Du nom de badinage, ou bien de bagatelle;
Pour tout ce qu'on regarde universellement
Sur le pied de plaisir, ou de délassement.
Dans un tendre commerce elle n'est plus admise,
Et même s'en piquer devient une sottise.
L'amour n'est plus qu'un jeu, qu'un simple amusement,
Où l'on est convenu de tromper franchement;
D'être dupe ou fripon, le tout sans conséquence,
Mais d'être le dernier pourtant avec décence.

LE MARQUIS.

Le plus beau des liens, d'où dépend notre paix,
Peut-il être avili jusques à cet excès?
Le monde est étonnant dans sa bizarrerie.
Le joueur qui friponne est couvert d'infamie,
Et le perfide amant qui trompe, et qui trahit,
Devient homme à la mode, et se met en crédit.
Quel travers dans les mœurs, et quel affreux délire!
Aussi grossièrement peut-on se contredire?

LE BARON.

C'est l'idée établie, il faut s'y conformer.

LE MARQUIS.

Mon âme, à penser faux, ne peut s'accoutumer.
Le jeu, dont j'ai parlé, commerce de caprice,
Fondé sur l'intérêt, la fraude et l'avarice,
S'est rendu, par l'usage, un lien révéré :
Les devoirs en sont saints, le culte en est sacré.
A ses engagements le fier honneur préside ;
Et ses dettes, surtout, sont un devoir rigide :
Au jour précis, à l'heure, il faut, pour les payer,
Vendre tout, et frustrer tout autre créancier.
Et l'amour tendre et pur devient un nœud frivole,
Où l'on est dispensé de tenir sa parole.
Le joug de l'amitié n'est pas plus respecté ;
On veut qu'ils soient tous deux exempts de probité :
Leurs devoirs sont remplis les derniers; et leurs dettes
Ou ne s'acquittent pas, ou sont mal satisfaites.
Mais rendez-moi raison d'un tel égarement,
Vous, profond dans le monde, et son digne ornement.

LE BARON.

Je conviens avec vous, marquis, et je confesse
Que l'esprit qui l'agite est souvent une ivresse.
Du sein de la lumière il tombe dans la nuit,
De ses écarts souvent l'injustice est le fruit;
Mais il est notre maître, et nous devons le suivre ;
Nous sommes, par état, tous deux forcés d'y vivre.
Pour y plaire, y briller, pour avoir ses faveurs,
Il faut prendre, marquis, jusques à ses erreurs.
Dès qu'ils sont établis, préférer ses usages,
Quelque choquants qu'ils soient, aux raisons les plus
　　　　　　　　　　　　　　　　　　　　[sages.
Quoi qu'il en coûte, on doit se mettre à l'unisson,
Et tout sacrifier pour avoir le bon ton.
Sitôt qu'il le condamne, il faut fuir tout scrupule,
Et même les vertus qui rendent ridicule.

LE MARQUIS.

N'en déplaise au bon ton, dont je suis rebattu,
Nous ne devons jamais rougir de la vertu.

LE BARON.

J'aime à voir qu'en votre âme elle se développe ;
Mais il faut vous résoudre à vivre en misanthrope.
Vous devez renoncer à tout amusement,
Aller dans un désert vous enterrer vivant ;
Ou de cette vertu tempérer les lumières,
L'habiller à notre air, la faire à nos manières.
J'avouerai franchement que vous me faites peur :
Orné de tous les dons de l'esprit et du cœur,
Vous allez, je le vois, si je ne vous seconde,
Vous donner un travers en entrant dans le monde ;
Vous perdre exactement par excès de raison,
Et d'un Caton précoce acquérir le surnom,
Choquer les mœurs du temps , et, par cette conduite,
Vous rendre insupportable à force de mérite.

LE MARQUIS.

Vos discours dans mon cœur font passer votre effroi.
Ce monde que je blâme a des attraits pour moi.
Je ne puis vous cacher que, né pour y paraître,
Je l'aime, et brûle, en beau, de m'y faire connaître.
Son commerce est un bien dont je cherche à jouir,
Et m'en faire estimer est mon premier désir.
J'ai, pour vivre content, besoin de son suffrage.
Dans ce juste dessein si je faisais naufrage,
Je ne pourrais, baron, jamais m'en consoler.
La crainte que j'en ai me fait déjà trembler.
Pour voguer sûrement sur cette mer trompeuse,
Je demande et j'attends votre aide généreuse.
Daignez donc me guider de la main et de l'œil ;
Et pour m'en garantir, montrez-moi chaque écueil.

LE BARON.

Vous me charmez ; je suis tout prêt de vous instruire,
Et vous n'avez, marquis, qu'à vous laisser conduire.
Je veux choisir pour vous le jour avantageux,
Saisir, pour vous placer, le point de vue heureux ;
A vos dons naturels joindre les convenances,
Y répandre des clairs, y mettre des nuances ;
Et faire enfin de vous, vous donnant le bon tour,
L'homme vraiment aimable, et le héros du jour.

Je ne m'en tiens pas là. Non, marquis, je vous aime ;
Je veux vous rendre heureux en dépit de vous-même.
Mon amitié, dans peu, compte en venir à bout :
Votre amante en répond. elle a pour vous du goût ;
C'est le point principal, et qui rend tout facile :
Mais point de sot scrupule, et montrez-vous docile.
Me le promettez-vous ?

LE MARQUIS.

J'y ferai mon effort.

LE BARON.

Pour la mieux disposer, écrivez-lui d'abord.

LE MARQUIS.

J'avais pris ce parti. J'ai même ici ma lettre ;
Mais je ne sais comment la lui faire remettre.

LE BARON.

Attendez... il s'agit d'un établissement,
Et cet hymen, pour vous, est un coup important ?

LE MARQUIS.

Oui, par mille raisons, c'est un bien où j'aspire ;
Et c'est pour l'en presser que je lui viens d'écrire.

LE BARON.

La chose étant ainsi, j'imagine un moyen...
Oui, Lucile pour vous doit lui parler.

LE MARQUIS.   Eh bien ?

LE BARON.

Sans blesser la sagesse elle peut la lui rendre,
Et même l'amitié l'engage à l'entreprendre.
D'autres la commettraient.

LE MARQUIS.

Oui, c'est ce que je crains.

On ne peut la remettre en de meilleures mains.

LE BARON.

Donnez-moi votre lettre, elle sera rendue,
Et je vais en charger ma jeune prétendue.

LE MARQUIS.

Moi-même je voudrais, lui donnant mon billet,
Le lui recommander.

LE BARON.

Vous serez satisfait.

Attendez un moment.   (Il rentre.)

SCÈNE II. — LE MARQUIS.

Il sert trop bien ma flamme!
Mais chassons, après tout, cet effroi de mon âme,
Quand j'en puis profiter sans blesser mon devoir.
Le baron, dans ce jour, il me l'a fait trop voir,
Pour l'aimable Forlis sent un mépris insigne;
Il dédaigne un bonheur dont son cœur n'est pas digne.
De sa grâce naïve il méconnaît le prix.
Elle aurait un tyran; et l'hymen, j'en frémis!
Pour elle deviendrait une chaîne cruelle.
Je dois l'en garantir, moins pour moi que pour elle.
L'amour, la probité, la pitié, la raison,
Tout me fait une loi de tromper le baron.
Employer l'artifice en cette conjoncture,
C'est servir la vertu, non trahir la droiture.
Lui-même, qui plus est, me conduit par la main.
Je la vois, sa présence affermit mon dessein.

SCÈNE III. — LUCILE, LE BARON, LE MARQUIS.

LE BARON, à Lucile.

Oui, le marquis attend de vous un grand service,
Et vous seule pouvez lui rendre cet office.
Songez qu'il le mérite, et qu'il est mon ami.

LUCILE.

Monsieur...

LE BARON.

Il ne faut pas l'obliger à demi.

LUCILE, au marquis.

De quoi s'agit-il donc, monsieur?

LE MARQUIS.

C'est une lettre
Que j'ose vous prier instamment de remettre...

LUCILE.

A qui?

LE MARQUIS.

Mademoiselle, à cet objet charmant

Dont vous êtes l'amie, et dont je suis l'amant.
Il y verra les traits de l'amour le plus tendre.

LUCILE, prenant la lettre.

Je ne manquerai pas, monsieur, de la lui rendre.

LE BARON.

Fort bien, je suis content de ce procédé-là :
Peut-être, avec le temps, mon soin la formera.

LE MARQUIS.

Et puis-je me flatter qu'elle soit bien reçue ?

LUCILE.

Mais, je n'en doute point.

LE MARQUIS.

Quand elle l'aura lue,
Puis-je encore espérer qu'elle me répondra ?

LUCILE.

Oui, monsieur, je le crois, dès qu'elle le pourra.

LE MARQUIS.

Oserai-je, pour moi, compter sur votre zèle ?

LUCILE.

Mais je ferai, monsieur, mon possible auprès d'elle.

LE BARON.

Elle répond, vraiment, beaucoup mieux que tantôt.
Il se fait déjà tard, et partons au plus tôt.
Votre âme est à présent dans une douce attente.
Volons chez la comtesse, elle est impatiente :
Voilà l'heure; et d'ailleurs, je dois voir en passant
Le commandeur.   LE MARQUIS.

Daignez m'accorder un instant.
C'est un point capital oublié dans ma lettre.
Mademoiselle...   LUCILE.

Eh bien ! monsieur ?

LE MARQUIS.

Sans la commettre
Si dans cette journée, et par votre moyen,
Je pouvais obtenir un moment d'entretien ?

LUCILE.

Elle ne sort jamais.

LE MARQUIS.

Je puis, mademoiselle,

Trouver l'occasion de lui parler chez elle ;
Et c'est, pour tous les deux, un point bien essentiel.

LUCILE.

Mais elle est sous les yeux d'un surveillant cruel,
Qui faussement paré d'une douceur trompeuse,
L'intimide, et la tient dans une gêne affreuse.

LE BARON.

Son cœur, à le tromper, doit avoir plus de goût,
Et ne rien épargner pour en venir à bout.
Il faut à ses dépens jouer la comédie,
Et je veux le premier, être de la partie.

LUCILE.

Mais vous m'encouragez.

LE MARQUIS.

Dès que monsieur le veut,
Convenez qu'on le doit, et songez qu'on le peut.

LE BARON, au marquis.

Profitons des moments où son père sommeille ;
Dépêchons-nous, partons avant qu'il se réveille.

(Lucile rentre.)

SCÈNE IV. — LE BARON, LE MARQUIS, M. DE FORLIS.

M. DE FORLIS, arrètant le baron.

Je t'arrête au passage, et bien m'en prend, parbleu.

LE BARON.

Mais, monsieur, j'ai promis.

M. DE FORLIS.

Il m'importe fort peu.

SCÈNE V. — LE BARON, LE MARQUIS, M. DE FORLIS, LA COMTESSE.

LA COMTESSE, au baron.

Comment donc ! est-ce ainsi que l'on se fait attendre ?
Moi-même il faut, chez vous, que je vienne vous
[prendre
Cet oubli me surprend, surtout de votre part ;
Vous, prévenant, exact.

LE BARON.
Pardonnez mon retard.
LA COMTESSE.
Je ne puis, à ce trait, monsieur, vous reconnaître.
LE BARON.
De sortir de chez moi, je n'ai pas été maître;
Et je suis arrêté même dans ce moment.
LA COMTESSE.
Par qui donc?
M. DE FORLIS.
C'est par moi, madame, absolument
J'ai besoin du baron pour cette après-dînée.
LA COMTESSE.
Moi, je l'ai retenu pour toute la journée.
M. DE FORLIS.
Avec tout le respect que je dois vous porter,
Sur vos prétentions je compte l'emporter.
LA COMTESSE.
N'en déplaise à l'espoir dont votre esprit se flatte,
Vous venez un peu tard, je suis première en date.
LE BARON, à M. de Forlis.
Vous voyez bien, monsieur, que je n'impose point.
M. DE FORLIS.
Mais vous savez qu'au mien votre intérêt est joint.
L'affaire est sérieuse autant qu'elle est pressante.
LA COMTESSE.
Oh! celle qui m'amène est plus intéressante.
M. DE FORLIS.
Mon bonheur en dépend, et le sien propre y tient.
LA COMTESSE.
Mais c'est un phénomène, et Paris en convient.
M. DE FORLIS.
J'arrive tout exprès du fond de la Bretagne.
LA COMTESSE.
Moi, quinze jours plus tôt j'ai quitté la campagne.
M. DE FORLIS.
S'il retarde d'un jour mes pas seront perdus.
LA COMTESSE.
Passé ce soir, monsieur, on ne l'entendra plus;

Il part demain.

M. DE FORLIS.

Qui donc? Je ne puis vous comprendre.

LA COMTESSE.

Ce violon fameux que nous devons entendre.

M. DE FORLIS.

Quoi! c'est un violon qui balance mes droits?

LA COMTESSE.

Il doit jouer, monsieur, pour la dernière fois.

M. DE FORLIS.

Voilà donc ce devoir unique, indispensable!
Je tombe de mon haut!

LA COMTESSE.

C'est un homme admirable,
Et qui tire des sons singuliers et nouveaux.
Ses doigts sont surprenants, ce sont autant d'oiseaux.
Doux et tendre, d'abord il vole terre à terre;
Puis, tout à coup, bruyant, il devient un tonnerre.
Rien n'égale, en un mot, monsieur Vacarmini.

M. DE FORLIS.

Vacarmini, madame, ou Tapagimini,
Tout merveilleux qu'il est n'est pas un personnage
Qui mérite, sur moi, d'obtenir l'avantage.

LA COMTESSE.

Eh! qui donc êtes-vous, pour joûter contre lui?

M. DE FORLIS.

Quelqu'un que monsieur doit préférer aujourd'hui.

LA COMTESSE.

Je vous crois du talent et beaucoup de mérite :
Mais vous ne partez pas apparemment si vite.
On pourra vous entendre un autre jour.

M. DE FORLIS.   Comment!

LA COMTESSE.

Oui, quel est votre fort, monsieur, précisément?
La musette, la flûte, ou le violoncelle?

M. DE FORLIS.

Moi! joueur de musette? Ah! la chose est nouvelle.
La bagatelle seule occupe vos esprits :
Un soin plus sérieux me conduit à Paris.

LA COMTESSE.

Quelle est donc cette affaire, et si grave et si grande?

M. DE FORLIS.

C'est un gouvernement qu'à la cour je demande.

LA COMTESSE.

Un gouvernement ?

M. DE FORLIS.

Oui.

LA COMTESSE.

Quoi ! ce n'est que cela
Oh ! rien ne presse moins ; si ce n'est celui-là,
Vous en aurez un autre, et la chose est facile.
Mais pour l'homme divin qui part de cette ville
Le bonheur de l'entendre à ce jour est borné.
Il faut, il faut saisir le moment fortuné.
Si le baron manquait cet instant favorable,
Il n'en trouverait pas dans dix ans un semblable.

LE BARON.

Oui, madame a raison, et j'en dois profiter.

M. DE FORLIS.

Quoi ! pour un vain plaisir tu veux donc me quitter ?
Un ancien ami n'a pas la préférence ?

LA COMTESSE.

Moi, je suis près de lui nouvelle connaissance.
Il me doit plus d'égards.

M. DE FORLIS.

Oui, s'il faut parier,
C'est toujours pour celui qu'il connaît le dernier.

LA COMTESSE, au baron.

Le plaisir que j'attends me transporte d'avance.
Donnez-moi donc la main, partons en diligence.

LE BARON.

A des ordres si doux je me laisse entraîner.

LE MARQUIS, à M. de Forlis.

Monsieur, je vous promets de vous le ramener.

LA COMTESSE.

Non, c'est flatter monsieur d'un espoir téméraire.
J'enlève le baron pour la journée entière.
Je ne dérange rien dans les plans que je fais.

Au sortir du concert je le mène aux Français,
Où j'ai depuis huit jours une loge louée,
Pour voir la nouveauté qui doit être jouée;
Et de là nous devons être d'un grand souper,
Qui va jusqu'à minuit au moins nous occuper;
Puis de la table au bal, où déguisée en Flore,
Je ne rendrai Zéphyr qu'au lever de l'Aurore.

LE BARON, à M. de Forlis.

Je reviendrai, monsieur, et ne la croyez pas.

M. DE FORLIS.

Pour en être plus sûr j'accompagne tes pas.

ACTE QUATRIÈME

SCÈNE I. — CÉLIANTE, M. DE FORLIS.

CÉLIANTE.

Vous êtes, je le vois, mécontent de mon frère,
Monsieur?

M. DE FORLIS.

Je suis trop franc pour dire le contraire :
Sans un motif secret qui pour lui m'attendrit,
Je ferais hautement éclater mon dépit;
Eh je n'en eus jamais une si juste cause.

CÉLIANTE.

Et! quel nouveau sujet, monsieur, vous indispose?

M. DE FORLIS.

Tout ce qui peut blesser un ami tel que moi.
Je le suis au concert, j'entre, et je l'aperçoi.
Jusqu'à lui je pénètre à travers la cohue.
Mon abord l'embarrasse; à peine il me salue.
Je lui parle, il se trouble, il répond à demi,
Et je le vois enfin rougir de son ami.
Je sens qu'il me regarde, en son impertinence,
Comme un provincial dont il craint la présence.

Au milieu du grand monde il me croit déplacé ;
Et dans le même temps qu'il est pour moi glacé,
Il se montre attentif, il fait cent politesses
A des originaux de toutes les espèces.
Auprès d'eux tour à tour on le voit empressé ;
Et le plus ridicule est le plus caressé.

CÉLIANTE.

Je voudrais excuser un procédé semblable,
Mais je sens qu'envers vous mon frère est trop coupable.

M. DE FORLIS.

Aux usages reçus s'il a trop obéi,
Quelques instants après le sort l'en a puni :
Ce violon divin, et qui se voit l'idole
De Paris qui le court, a manqué de parole ;
L'opulent financier qui tout fier l'attendait,
Et chez qui, sans mentir, toute la France était,
Comme un arrêt mortel apprend cette nouvelle.
Le concert est rompu ; l'aventure est cruelle ;
C'est un coup dont il est si fort humilié,
Qu'il en paraît moins fat, mais plus sot de moitié :
Il voit fuir les trois quarts des spectateurs qui pestent;
La fureur de jouer vient saisir ceux qui restent.
Pour vingt jeux différents vingt autels sont dressés
Les sacrificateurs en ordre sont placés.
Les monts d'or étalés sont offerts en victimes.
Du dieu qui les reçoit les mains sont des abîmes,
Par qui dans un moment tout se voit englouti :
Un seul particulier, dans une après-midi,
Perd des sommes d'argent qui forment des rivières,
Et feraient subsister dix familles entières.
Le baron, qui se laisse emporter au courant,
Malgré tous mes efforts suit alors le torrent:
En dépit je le quitte et cours pour mon affaire ;
Ensuite je reviens dans le moment contraire
Que par un as fatal il se voit égorgé ;
Il perd, outre l'argent dont il était chargé,
Plus de neuf cents louis joués sur sa parole :
Mais il cède en héros au revers qui l'immole ;
Sous un front calme il sait déguiser sa douleur,

Et s'acquiert, en partant, le nom de beau joueur.

LE BARON.

Mais il paye assez cher ce titre qui l'honore.

M. DE FORLIS.

Ce que je vous apprends, il croit que je l'ignore ;
Sa disgrâce me fait oublier mon dépit,
Et, plus que mon affaire, occupe mon esprit.
L'amitié me ramène en ce lieu pour l'attendre,
Et selon l'apparence, il va bientôt s'y rendre
Pour prendre tout l'argent qu'il peut avoir chez lui,
Car il doit acquitter cette dette aujourd'hui.
Je ne me trompe pas ; le voilà qui s'avance.

CÉLIANTE.

Je rentre ; vous seriez gênés par ma présence.

(Elle s'en va.)

SCÈNE II. — M. DE FORLIS, LE BARON.

LE BARON, sans voir M. de Forlis.

Je cache la fureur de mon cœur éperdu,
Et je ne puis trouver l'argent que j'ai perdu ;
Mais je ne croyais pas que Forlis fût si proche.
Déguisons. Vous venez pour me faire un reproche ?

M. DE FORLIS.

Non, n'appréhende rien, le temps serait mal pris ;
Quand ils sont malheureux j'épargne mes amis.

LE BARON.

Comment donc ?

M. DE FORLIS.

      Devant moi, cesse de te contraindre.
Je sais ton infortune, en vain tu prétends feindre.

LE BARON.

Qui vous a dit...

M. DE FORLIS.

      Mes yeux en ont été témoins,
Et tu perds d'un seul coup neuf cents louis au moins.

LE BARON.

Puisque vous le savez, il faut que je l'avoue ;
C'est un tour inouï que le hasard me joue.

M. DE FORLIS.

As-tu l'argent chez toi?

LE BARON.

Je n'ai que mille écus ;

J'ai fait pour en trouver des efforts superflus.

M. DE FORLIS.

Tu connais tant de monde !

LE BARON.

Inutile ressource !

Ceux que j'ai vus n'ont pas dix louis dans leur bourse

Ils manquent tous d'espèce.

M. DE FORLIS.

Ou d'amitié pour toi ;

Tiens, en voilà huit cents ; je les ai pris chez moi.

LE BARON.

Ah ! je suis pénétré.

M. DE FORLIS.

Va, mon argent profite,

Quand il sert mon ami, quand son secours l'acquitte.

LE BARON.

C'est peu de m'obliger, vous prévenez mes vœux.

M. DE FORLIS.

Je t'épargne une peine, et j'en suis plus heureux ;

Je dois pourtant me plaindre en cette circonstance

Que ton cœur ne m'ait pas donné la préférence.

Tu vas chercher ailleurs, et tu sembles rougir

De t'adresser au seul qui peut te secourir,

Et qui goûte un bien pur à te rendre service,

Loin que ton sort le gêne, ou ta faute l'aigrisse.

LE BARON.

Je ne mérite pas...

M. DE FORLIS.

N'importe, je le doi,

Des devoirs de l'ami je m'acquitte envers toi ;

J'en serai trop payé si je t'enseigne à l'être,

Et si mes procédés t'apprennent à connaître

Celui qui l'est vraiment dans les occasions,

Non par des vains propos, mais par des actions,

D'avec ceux qui n'en ont que la fausse apparence,

Qui méritent au plus le nom de connaissance,
Qui ne tiennent à toi que par le seul plaisir,
Ardents à te promettre, et froids à te servir.

LE BARON.

Je connais tous mes torts, et vous demande grâce

M. DE FORLIS.

S'il est sincère et vrai, ton remords les efface.
Pour mieux les réparer, baron, voici le jour
Et l'instant où tu peux m'être utile à ton tour :
Pendant que tu jouais, j'ai pris soin de m'instruire,
Et d'agir fortement pour la place où j'aspire :
J'ai su d'un secrétaire, et dans un autre temps
Je t'en ferais ici des reproches sanglants,
J'ai su que tu n'as fait, malgré ma vive instance,
Pour ce gouvernement aucune diligence ;
Et qu'enfin si pour moi tu l'avais demandé,
Indubitablement on te l'eût accordé.

LE BARON.

La cour n'est pas si prompte à répandre ses grâces ;
Il faut longtemps briguer pour de pareilles places,
Et ce n'est pas, monsieur, l'ouvrage d'un moment.

M. DE FORLIS.

Ce gouvernement-ci toutefois en dépend ;
Et j'ai tantôt appris du même secrétaire
Qu'il est sollicité par un fort adversaire ;
Qu'il faut tout mettre en œuvre, et tout faire mouvoir,
Ou que mon concurrent l'emportera ce soir ;
Mon plan est arrangé, mes mesures sont prises
Pour parler au ministre à six heures précises ;
Pour le voir, pour agir, voilà les seuls instants :
Si tu veux près de lui me seconder à temps,
Nos efforts prévaudront, et j'obtiendrai la place.
Je sais qu'à ta prière il n'est rien qu'il ne fasse,
Et tu possèdes l'art de le persuader :
Mais il faut employer ton crédit sans tarder
Et venir avec moi chez lui, dans trois quarts d'heure ;
C'est le temps décisif, promets-moi...

LE BARON.

Que je meure,

Si j'y manque, monsieur !

M. DE FORLIS.

Ne va pas l'oublier.

Et songe...

LE BARON.

Je ne sors que pour aller payer
La somme que je dois, et je reviens vous prendre ;
Vous n'aurez pas, monsieur, la peine de m'attendre :
On doit pour ses amis tout faire, tout quitter ;
Vous m'en donnez l'exemple, et je dois l'imiter.

M. DE FORLIS.

Tu seras accompli si tu tiens ta promesse.

(Le baron sort.)

SCÈNE III. — M. DE FORLIS, CÉLIANTE.

CÉLIANTE.

Mon frère auprès de vous a perdu sa tristesse ;
Et j'en juge, monsieur, par l'air gai dont il sort.

M. DE FORLIS.

Je crois qu'il est content ; pour moi, je le suis fort.
Adieu, mademoiselle. Attendant qu'il revienne,
Je vais voir Lisimon qu'il faut que j'entretienne.

(Il sort.)

SCÈNE IV. — CÉLIANTE.

Il a soin de cacher le plaisir qu'il lui fait,
Et sa discrétion est un nouveau bienfait.

SCÈNE V. — CÉLIANTE, LISETTE.

LISETTE.

Apprenez un secret que je ne puis vous taire.
Lucile, Lucile aime ; et monsieur votre frère,
A, comme il est trop juste, un rival préféré.

CÉLIANTE.

Quelle idée !

LISETTE.

Oh ! mon doute est trop bien avéré.

CÉLIANTE.

Sur quoi donc le crois-tu ?

LISETTE.

Je viens de la surprendre
Dans le temps que sa main ouvrait un billet tendre
Qu'elle a vite caché sitôt que j'ai paru ;
Et par là mon soupçon s'est justement accru.

CÉLIANTE.

Va, c'est apparemment la lettre d'une amie.

LISETTE.

Non, non, je n'en crois rien ; sa rougeur l'a trahie :
Pour cacher un billet qui n'est qu'indifférent,
On est moins empressé, et le trouble est moins grand.
On attribue à tort à son peu de génie
Son humeur taciturne et sa mélancolie :
L'amour est seul l'auteur de ce silence-là ;
Et j'en mettrais au feu cette main que voilà.
Ce n'est pas d'aujourd'hui que j'ai cette pensée :
La curiosité dont je me sens pressée
M'a fait étudier ses moindres mouvements.
D'un cœur qui de l'absence éprouve les tourments,
J'ai connu qu'elle avait le symptôme visible ;
Et j'ai sur ce mal-là le coup d'œil infaillible :
Je porte encor plus loin ma vue à son sujet,
Et de ses feux cachés je devine l'objet.

CÉLIANTE.

Bon !   LISETTE.

Depuis qu'au baron le marquis rend visite,
Sur son front satisfait on voit la joie écrite.
J'ai, qui plus est, surpris certains regards entre eux,
Qui prouvent le concert de deux cœurs amoureux :
C'est lui, mademoiselle ; et j'en fais la gageure.

CÉLIANTE.

Tu prends dans ton esprit ta folle conjecture.

LISETTE.

Ils s'aiment en secret, je ne m'y trompe pas :
Mais. tenez, la voilà qui porte ici ses pas ;
Pour lire le billet elle y vient, j'en suis sûre.
Cachons-nous toutes deux dans cette salle obscure.

CÉLIANTE.

Non, viens, rentre avec moi ; respectons son secret,

Celui que l'on surprend est un larcin qu'on fait.

(Elle rentrent.)

SCÈNE VI. — LUCILE.

Enfin me voilà seule! et bannissant la crainte,
Je puis dons respirer, et lire sans contrainte
La lettre d'un amant qui règne dans mon cœur!
Sa lecture peut seule adoucir ma douleur.

(Elle lit.)

« Non, belle Lucile, il n'est point de situation plus
« singulière que la nôtre, ni d'amant plus malheureux
« que moi. Je vous vois à toute heure sans pouvoir
« m'expliquer. Je m'aperçois qu'on vous méprise, et
« qu'on vous croit sans esprit et sans sentiment, vous
« qui pensez si juste, et dont le cœur tendre et délicat
« égale la sensibilité du mien, et c'est tout dire. Vous
« êtes à la veille d'en épouser un autre, et je n'ose
« me plaindre. Je pourrais me consoler, si votre ma-
« riage ne faisait que mon malheur; mais il va com-
« bler le vôtre; je le sais, je le vois, et je ne puis
« l'empêcher; c'est là ce qui rend mon désespoir af-
« freux : sans une prompte réponse j'y vais suc-
« comber. »

(Après avoir lu.)

Mon cœur est déchiré par un billet si tendre.
Ma peine, et mon plaisir ne sauraient se comprendre.
Non, mon état n'est fait que pour être senti!
J'ai là tout ce qu'il faut. Vite, répondons-y.

(Elle écrit en s'interrompant.)

Cher amant! si les traits de l'ardeur la plus vive,
Si d'un parfait retour l'expression naïve
Peuvent te consoler, et calmer tes esprits,
Tu seras satisfait de ce que je t'écris.
Les maux que tu ressens font mon plus grand martyre.

SCÈNE VII. — LUCILE, LE BARON.

LE BARON.

Je viens de m'acquitter. Grâce au ciel! je respire!
Mais que vois-je! Lucile a l'esprit occupé!

Elle écrit une lettre, ou je suis fort trompé.
Elle ne pense pas, comment peut-elle écrire ?
Parbleu ! voyons un peu de son style pour rire.
(A Lucile.)
Puis-je, sans me montrer curieux indiscret,
Vous demander pour qui vous tracez ce billet ?

LUCILE, avec surprise.

Ah !

LE BARON.

Que notre présence un peu moins vous étonne
Ne craignez rien.

LUCILE.

Monsieur, je n'écris à personne.
Ce sont des mots sans suite, et mis pour m'essayer.

LE BARON.

N'importe ; montrez-moi, s'il vous plaît, ce papier.
Ne me refusez point, lorsque je vous en prie.

LUCILE, à part.

Le cruel embarras !

LE BARON.

Voyons.

LUCILE.

J'orthographie...
Et peins trop mal, monsieur... Jamais je n'oserai.

LE BARON.

Pourquoi ? vous avez tort, je vous corrigerai.

LUCILE.

Vous ne pourriez jamais lire mon écriture ;
Et vous vous moqueriez de moi, j'en suis trop sûr.

LE BARON.

Bon ! vous faites l'enfant.

LUCILE.

Je suis de bonne foi.
Je sais l'opinion que vous avez de moi ;
Et c'est pour l'augmenter.

LE BARON.

Ah ! mauvaises défaites !
Donnez, pour mettre fin aux façons que vous faites.
(Il lui prend la lettre des mains, et lit.)

SCÈNE VIII. — LE BARON, LE MARQUIS, LUCILE.

LE MARQUIS, dans le fond du théâtre.

J'aperçois le baron, et ma chère Forlis.
Mais il lit un billet; ciel! l'aurait-il surpris?

LE BARON, après avoir lu, à Lucile.

Je doute si je veille, et je ne sais que dire!
Parlez, est-ce bien vous qui venez de l'écrire?

LUCILE.

Oui.

LE BARON.

Mais de ma surprise à peine je reviens!
Je n'ai rien vu d'égal au billet que je tiens!
Plus je la lis, et plus cette lettre m'étonne,
Le sentiment y règne, et l'esprit l'assaisonne.
Belle indolente! eh quoi! sous cet air ingénu,
Vous me trompez ainsi! qui l'aurait jamais cru?

(Il relit tout haut.)

« Je sais qu'on me croit sans esprit; mais ce n'est
«que pour vous seul que je voudrais en avoir. »

(Il s'interrompt.)

Je ne demande plus à qui ceci s'adresse.
Je sens toute la force et la délicatesse
Du reproche fondé que cache ce billet;
Et je vois par malheur que j'en suis seul l'objet.
Il est honteux pour moi de mériter vos plaintes.
Mes fautes, j'en rougis, y sont trop bien dépeintes,
Et tous vos sentiments y répondent aux miens.

LUCILE, à part.

La méprise est heureuse! et mon âme respire!

LE MARQUIS, à part.

Fort bien! il prend pour lui ce qu'on vient de m'écrire.

LE BARON.

Cet embarras charmant, cette aimable rougeur
Servent à confirmer ma gloire.

LE MARQUIS, à part.

Ou son erreur.

LE BARON.

Quelle joie! elle m'aime, elle sent, elle pense!

Que j'ai mal jusqu'ici jugé de son silence !
Ah ! pourquoi si longtemps me cacher ces trésors,
Et les ensevelirs sous de trompeurs dehors ?
Mais n'accusons que moi ; c'est ma faute, et ma vue
Devait lire à travers cette crainte ingénue :
Je devais démêler son cœur et son esprit.
Je trouve mon arrêt dans ce qu'elle m'écrit ;
Et ces traits dont mon âme est confuse et ravie,
Font ma satire autant que son apologie.

LUCILE.

Il est vrai.

LE MARQUIS, à part.

Je jouis d'un plaisir tout nouveau,
Et l'on n'a jamais mieux donné dans le panneau.

LE BARON, au marquis, qui s'avance.

Ah ! marquis, vous voilà, ma joie est accomplie.
C'est ici le moment le plus doux de ma vie.
Mon bonheur est au comble, et je viens de trouver
Tout ce qui lui manquait, et qui peut l'achever !
Rien n'égale l'esprit de la beauté que j'aime.
Je veux que votre oreille en soit juge elle-même ;
Écoutez ce billet que Lucile m'écrit :
Il va vous étonner autant qu'il me ravit.

(Il lit.)

« Je sais qu'on me croit sans esprit, mais ce n'est
« que pour vous seul que je voudrais en avoir ; et si
« je pouvais réussir à vous persuader que je suis aussi
« spirituelle que tendre, peu m'importerait que le
« reste du monde me donnât le nom de sotte et de
« stupide. L'abattement où m'a plongée la crainte
« d'être oubliée de vous a dû donner de moi cette
« idée ; et depuis que je vous vois ici, votre présence
« me jette dans un trouble qui sert à la confirmer. Je
« sens que mon cœur fait tort à mon esprit. Il m'ôte
« jusqu'à la liberté de m'exprimer, et je suis trop
« occupée à sentir, pour avoir le loisir de parler. »

(Après l'avoir lu.)

Mais est-il rien, marquis, qui soit plus adorable ?
Et ne trouvez-vous pas cette fin admirable ?

LE MARQUIS.

Je la goûte encor plus que vous ne l'approuvez

LUCILE, au baron.

Vous louez mon billet plus que vous ne devez.

LE BARON.

Non, non, mon repentir égale ma surprise;
Je dois à vos genoux expier ma méprise.
Pardon, je vous croyais, il faut trancher le mot,
Sans esprit, et c'est moi qui suis vraiment un sot.

LUCILE, relevant le baron.

Levez-vous, vous comblez le trouble qui m'agite.

LE BARON.

Je dois à votre égard rougir de ma conduite.
C'est par mille respects, par un culte flatteur,
Que je puis désormais réparer mon erreur.
Vous êtes accomplie, et je n'en puis trop faire.
Vous, marquis, prenez part à mon transport sincère.

LE MARQUIS.

Je le partage au moins.

LE BARON.

Rien ne manque à mes vœux,
Si comme moi, mon cher, vous devenez heureux.

LE MARQUIS.

Oh ! je le suis déjà.

LE BARON.

Comment donc ! votre amante
Vous aurait-elle écrit ?

LE MARQUIS.

Un billet qui m'enchante !
Votre ravissement n'égale pas le mien,
Et c'est mademoiselle, à qui je dois ce bien.

LUCILE.

En cela j'ai suivi le penchant qui m'inspire.

LE BARON.

Nous sommes tous contents comme je le désire.
Désormais mon hôtel, qui m'était odieux,
Me deviendra charmant, embelli par vos yeux.
Vous seule me rendrez son séjour agréable.
Pour vous plaire, je veux m'y montrer plus aimable;

Et goûtant sans mélange un destin bien plus doux,
Je vais me partager entre le monde et vous.

SCÈNE IX. — LE BARON, LE MARQUIS, LUCILE, LISETTE.

LISETTE.

Pardon, si j'interrromps, monsieur, mais la duchesse
Demande à vous parler pour affaire qui presse :
Elle est dans son carrosse, et ne peut s'arrêter.
Un de ses gens est là.

LE BARON.

Mais sans plus hésiter,

Qu'il entre donc.

SCÈNE X. — LES ACTEURS PRÉCÉDENTS, UN LAQUAIS.

LE LAQUAIS.

Monsieur, madame vient vous prendre,
Et sans tarder vous prie instamment de descendre.

LE BARON.

Il suffit, je vous suis.

(Le laquais sort.)

SCÈNE XI. — LE BARON, LE MARQUIS, LUCILE, LISETTE.

LE MARQUIS, au baron.

Vous allez donc partir ?

LE BARON.

Non, je vais l'assurer que je ne puis sortir ;
A monsieur de Forlis je suis trop nécessaire.
La fille me rappelle, et j'ai promis au père ;
Rien ne peut m'arrêter quand je dois le servir.
Je ne suis qu'un instant, et je vais revenir.

SCÈNE XII. — LE MARQUIS, LUCILE, LISETTE.

LISETTE.

Il ne reviendra pas sitôt, mademoiselle ;
Et la duchesse va l'emmener avec elle.

La comtesse est là-bas qui lui sert de renfort :
Le moyen qu'il résiste à leur commun effort ?

LUCILE.

Le soin qui les conduit sans doute est d'importance ?

LISETTE.

Oui, l'affaire est vraiment des plus graves. Je pense
Qu'il s'agit d'assortir des porcelaines.

LE MARQUIS.

Bon !

LISETTE.

Et de mettre d'accord la Chine et le Japon.
Mais le carrosse part, et voilà qu'on l'emmène :
Moi-même je descends pour en être certaine.

(A part.)

Ils s'aiment, je le vois, et je plains leur ennui;
Monsieur les laisse seuls, et je fais comme lui.

(Elle rentre.)

SCÈNE XIII. — LE MARQUIS, LUCILE.

LE MARQUIS.

Je puis enfin, au gré du penchant qui m'entraîne,
Vous voir et vous parler sans témoin et sans gêne.
Que cet instant m'est doux ! Que je suis enchanté !
Ce moment, comme moi, l'avez-vous souhaité ?
Vous ne répondez rien, et votre cœur soupire.

LUCILE.

A peine à mes transports, mes sens peuvent suffire :
Le discours est trop faible, et je n'en puis former.
Marquis, me taire ainsi, n'est-ce pas m'exprimer ?

LE MARQUIS.

Oui, charmante Lucile ! il n'est point d'éloquence
Qui vaille et persuade autant qu'un tel silence.

LUCILE.

Mes yeux semblent sortir d'une profonde nuit;
Dans ceux de mon amant un autre ciel me luit :
Au seul son de sa voix mon cœur se sent renaître,
Et l'amour près de lui me donne un nouvel être.
Mon âme n'était rien quand il était absent;
Sa vue et son retour la tirent du néant!

LE MARQUIS.

Souffrez, dans le transport dont la mienne est pressée...

LUCILE.

Non, sans vous, loin de vous, je n'ai point de pensée.
Je suis stupide auprès du monde indifférent,
Et je n'ai de l'esprit qu'avec vous seulement.
Le mien ne brille point dans une compagnie :
Le sentiment l'échauffe, et non pas la saillie.
Celui que l'amour donne à deux cœurs bien épris
Est le seul qui m'inspire, et dont je sens le prix.

LE MARQUIS.

Ah ! c'est le véritable, et n'en ayons point d'autre ;
Comme il sera le mien, qu'il soit toujours le vôtre
Ne puisons notre esprit que dans le sentiment.
Vous m'aimez ?

LUCILE.

Oui, mon cœur vous aime uniquement.

LE MARQUIS.

Que votre belle bouche encore le répète !
Vous avez, à le dire, une grâce parfaite.

LUCILE.

Oui, marquis, je vous aime, et je n'aime que vous.

LE MARQUIS.

Et moi, je vous adore !

LUCILE.

O retour qui m'est doux !

LE MARQUIS.

Que je vais payer cher ces instants pleins de charmes !
Mon bonheur est troublé par de justes alarmes ;
Et je suis prêt de voir le baron possesseur
D'un bien que sa poursuite enlève à mon ardeur :
J'ai frémi, quand j'ai vu qu'il lisait votre lettre.

LUCILE.

Moi-même de ma peur j'ai peine à me remettre.

LE MARQUIS.

Elle est entre ses mains.

LUCILE.

N'en soyez point jaloux ;
Vous savez qu'elle n'est écrite que pour vous.

LE MARQUIS.

D'accord ; mais pour vous plaire, il redevient aimable ;
Ses grâces à mes yeux le rendent redoutable.

LUCILE.

Quelque forme qu'il prenne, il n'avancera rien :
Je le verrai toujours, à l'examiner bien,
Comme un tyran caché qui, sous un faux hommage,
Me prépare le joug du plus dur esclavage ;
A qui l'hymen rendra sa première hauteur,
Et qui me traitera comme il traite sa sœur.
A son sort, par ce nœud, je tremble d'être unie :
Je vais dans les horreurs traîner ma triste vie.
Si l'aveugle amitié que mon père a pour lui
N'eût rendu ma démarche inutile aujourd'hui,
J'aurais déjà, j'aurais forcé mon caractère,
Et je serais tombée aux genoux de mon père :
Ma bouche eût déclaré mes sentiments secrets,
Plutôt que d'épouser un homme que je hais,
Et que mes yeux verraient même avec répugnance,
Quand je n'aurais pour vous que de l'indifférence.
Jugez combien ce fonds de haine est augmenté
Par l'amour que le vôtre a si bien mérité !
Jugez combien il perd dans le fond de mon âme
Par la comparaison que je fais de sa flamme
Avec le feu constant, tendre et respectueux
D'un amant jeune et sage, aimable et vertueux !
Vous possédez, marquis, le mérite solide :
Il n'en a que le masque et le vernis perfide ;
Il ne songe qu'à plaire, et ne veut qu'éblouir :
Vous seul savez aimer, et vous faire chérir !
De tout Paris son art veut faire la conquête ;
A régner sur mon cœur votre gloire s'arrête.
Il est, par ses dehors et par son entretien,
Le héros du grand monde, et vous êtes le mien.

LE MARQUIS.

Cet aveu qui me charme en même temps m'afflige ;
A rompre un nœud fatal je sens que tout m'oblige :
Mes feux méritent seuls d'obtenir tant d'appas !

(Il lui baise la main.)

SCÈNE XIV. — LE MARQUIS, LUCILE, LISETTE.

LISETTE.

Continuez, monsieur, ne vous dérangez pas.

LUCILE.

Ciel! c'est Lisette !

LISETTE.

La, n'ayez aucune alarme.
Pour vous je m'intéresse et votre amour me charme.
Il est entièrement conforme à mon souhait;
J'en ai depuis tantôt pénétré le secret.
Mais il est en main sûre; et bien loin de vous nuire,
Le soin de vous servir est le seul qui m'inspire.
C'est lui dans ce moment qui me conduit vers vous.
Pardonnez, si je trouble un entretien si doux :
Mais ayant vu de loin revenir votre père,
Je viens pour vous donner cet avis salutaire.
Je crois que j'ai bien fait, et qu'il n'est pas besoin
Que de vos doux transports son œil soit le témoin.

LUCILE.

Je vous en remercie, et je rentre bien vite.

LE MARQUIS.

Vous partez donc ?

LUCILE.

Adieu. Malgré moi je vous quitte.

(Elle rentre.)

SCÈNE XV. — LE MARQUIS, LISETTE.

LE MARQUIS.

Mon cœur reconnaîtra cette obligation.

LISETTE.

Je vous sers tous les deux par inclination.
Monsieur de Forlis vient, un autre soin m'appelle.
Avec lui je vous laisse, et suis mademoiselle.

(Elle s'en va.)

SCÈNE XVI. — LE MARQUIS, M. DE FORLIS.

M. DE FORLIS.

Où donc est le baron? je viens pour le chercher.

LE MARQUIS.
Malgré lui de ces lieux on vient de l'arracher.

M. DE FORLIS.
Qui peut l'avoir contraint?...

LE MARQUIS.
Une affaire imprévue ;
La duchesse, monsieur, elle-même est venue
Le prendre en son carrosse : il a fallu céder.

M DE FORLIS.
Lorsque dans ma demande il doit me seconder,
Quand l'heure est décisive, il manque à sa promesse

LE MARQUIS.
Sans doute il s'y rendra, dès que la chose presse.

M. DE FORLIS.
J'y vole, il fera bien de ne pas l'oublier ;
S'il ajoute ce trait, ce sera le dernier.

(Il sort.)

SCÈNE XVII. — LE MARQUIS.

Il faut, en sa faveur, que j'agisse moi-même :
Je le puis par mon oncle ; il fera tout, il m'aime ;
Son crédit est puissant, hâtons-nous de le voir.
Pour le mieux obliger d'employer son pouvoir,
De ma secrète ardeur faisons-lui confidence ;
Du baron, s'il se peut, réparons l'indolence.
A monsieur de Forlis je dois un tel appui ;
Et je sers mon amour en travaillant pour lui.

ACTE CINQUIÈME

SCÈNE I. — LUCILE, LISETTE.

LISETTE.
J'ai votre confiance, et je suis satisfaite.

LUCILE.

Vous la méritez bien; mais je suis inquiète.
Mon père et le baron sont absents de ces lieux;
Le marquis devrait bien se montrer à mes yeux,
Et profiter du temps que son rival lui laisse.

LISETTE.

Oui, ce sont des instants très-chers ; mais sa tendresse
Peut-être est occupée ailleurs utilement.
De mon maître, pour vous, je crains le changement.
Il pourra balancer son penchant pour la mode,
Et le rendre assidu, partant plus incommode.

LUCILE.

Vous me faites trembler. J'aime mieux sa froideur.

LISETTE.

Pendant huit jours au moins redoutez son ardeur.
Son amour à présent vous voit spirituelle ;
Et vous avez le prix d'une beauté nouvelle.
J'entends marcher quelqu'un. C'est le pas d'un amant.

LUCILE.

Oui, le marquis arrive avec empressement :
C'est lui. Le cœur me bat.

LISETTE.

                              Émotion charmante !

LUCILE.

Ah ! ciel ! c'est le baron.

LISETTE.

                              La méprise est piquante.
La comtesse en ces lieux accompagne ses pas.

(Lisette sort.)

SCÈNE II. — LE BARON, LUCILE, LA COMTESSE.

LA COMTESSE, au baron.

Non, quoi que vous disiez, je ne vous quitte pas.

LE BARON, à Lucile.

Je n'ai pu m'échapper des mains de la duchesse :
Je suis au désespoir. La cruelle comtesse
A secondé si bien son désir obstiné
Qu'à la pièce nouvelle elles m'ont entraîné.

Elles m'ont enfermé malgré moi dans leur loge ;
Mais en vain des acteurs elles ont fait l'éloge,
Au théâtre et partout je n'ai rien vu que vous.
Je trouve dans vos yeux un spectacle plus doux :
Il jette tous mes sens dans une aimable ivresse ;
Et voilà désormais le seul qui m'intéresse.

LA COMTESSE.

Qu'entends-je ! il prend le ton d'un amant langoureux !

LE BARON.

Je le suis, en effet.

LA COMTESSE.
                    Vous êtes amoureux ?

LE BARON.

Oui, beaucoup.

LA COMTESSE.
                Je frémis du transport qui l'entraîne.

LE BARON, à Lucile.

De notre hymen, ce soir, je veux former la chaîne ;
Et votre père va...

LUCILE, d'un air troublé.
                    Monsieur, l'avez-vous vu ?

LE BARON.

Empressement flatteur ! je ne l'ai jamais pu.
J'ai manqué, malgré moi, l'heure qu'il m'a donnée !

LA COMTESSE.

Mais c'est un vrai délire, et j'en suis étonnée !
Si vous continuez, il faudra vous lier.
C'est cent fois pis, monsieur, que de vous marier.

LE BARON.

Mon ardeur est parfaite.

LA COMTESSE.
                            Ah ! des ardeurs parfaites !
Mais étant amoureux, et du ton dont vous l'êtes,
Adorant et brûlant pour l'objet le plus doux,
Que voulez-vous, monsieur, que l'on fasse de vous ?
Le monde va bientôt fuir votre compagnie.

LE BARON.

Je me partagerai.

LA COMTESSE.
Non, tout amant l'ennuie.
L'amour et lui, monsieur, sont brouillés tout à fait.
L'un est vif, amusant ; l'autre sombre et distrait.
Le monde d'un butor fait un homme passable,
Et l'amour fait un sot souvent d'un homme aimable.

LUCILE.
Ce portrait de l'amour n'est pas bien gracieux.

LA COMTESSE.
Mon bel ange, il est peint plus charmant dans vos yeux.

LE BARON.
En dépit de vos traits l'amour polit nos âmes.

LA COMTESSE.
C'est l'ouvrage plutôt du commerce des dames.
Pour valoir quelque chose, il faut nous voir vraiment,
Avoir du goût pour nous, mais point d'attachement,
Point d'amour décidé, ni qui forme une chaîne.

LUCILE.
J'avais cru jusqu'ici que nous valions la peine
Qu'on s'attachât à nous particulièrement.

LA COMTESSE.
Je vois que la petite est fille à sentiment.
Volontiers, je fais grâce à l'erreur qui l'occupe.
Elle n'a que seize ans. C'est l'âge d'être dupe :
L'âge, par conséquent, de se représenter
L'amour sous des couleurs faites pour enchanter.
Moi-même, à quatorze ans, j'ai donné dans le piége ;
Moi, baron, qui vous parle, Oui, j'ai, vous l'avouerai-je ?
J'ai soupiré, langui pour un jeune écolier,
Mais langui constamment pendant un mois entier.

LE BARON.
Une telle constance est vraiment admirable !

LA COMTESSE, à Lucile.
L'amour vous paraît donc bien beau, bien adorable ?

LUCILE.
A mon âge, l'on doit se taire là-dessus,
Madame ; et je m'en vais de peur d'en dire plus.

LA COMTESSE.
Choisissez pour époux, si vous êtes bien sage,

Un homme moins couru, mais qui soit de votre âge.
Ce n'est pas son avis, mais préférez le mien.

LUCILE, à part.

C'est une folle au fond qui conseille fort bien.

(Elle sort.)

SCÈNE III. — LE BARON, LA COMTESSE.

LA COMTESSE.

Non, je ne puis souffrir que ce nœud s'exécute.
Je passe chez l'abbé pendant une minute,
Et vais lui demander certain livre nouveau,
Qu'on dit bon, car il est vendu sous le manteau.
Ensuite je reviens, je vous le signifie,
Pour rompre votre hymen, ou le nœud qui nous lie.
Si votre amour l'emporte, adieu, plus d'amitié,
D'estime, ni d'égards pour un homme noyé.
Paris, dont vous allez vous attirer le blâme,
Fera votre épitaphe, au lieu d'épithalame.
A votre porte même on vous fera l'affront
De l'afficher, monsieur, et les passants liront :
« Ci-gît dans son hôtel, sans avoir rendu l'âme,
« Le baron enterré vis-à-vis de sa femme. »

(Elle sort.)

SCÈNE IV. — LE BARON.

Sa menace est fondée, et j'en suis alarmé.
Mais non, belle Forlis, j'aime, et je suis aimé.
Pour unir à jamais ta fortune et la mienne,
J'attends dans ce moment que ton père revienne.
Je n'ai qu'à te montrer aux yeux de tout Paris,
J'obtiendrai son suffrage, au lieu de son mépris.
D'avoir tant retardé je me fais un reproche ;
Je devais... mais je vois mon ami qui s'approche.

SCÈNE V. — LE BARON, M. DE FORLIS.

LE BARON.

Je vous attends ici, monsieur, pour vous prier...

M. DE FORLIS.

Et moi, je viens exprès pour te remercier.
Tu m'as servi si bien, et de si bonne grâce,
Que par tes heureux soins un autre obtient la place.
Le ministre me l'eût accordée aujourd'hui,
Si pour me seconder j'avais eu ton appui.

LE BARON.

C'est l'effet du malheur.

M. DE FORLIS.

Dis, de ta négligence.

LE BARON.

Non, il n'a pas été, monsieur, en ma puissance.
Un contre-temps fatal a retenu mes pas ;
J'étais prêt à voler...

M. DE FORLIS.

Je ne t'écoute pas.

LE BARON.

J'ai rencontré, vous dis-je, un invincible obstacle ;
Et j'étais...

M. DE FORLIS.

Je le sais, fort tranquille au spectacle.

LE BARON.

Oui, mais...

M. DE FORLIS.

Ton procédé ne saurait s'excuser.
Du nœud qui nous unit tu ne fais qu'abuser.
Depuis dix ans entiers que l'amitié nous lie,
J'en remplis les devoirs, et ton cœur les oublie.
Tu ne mets rien du tien dans cet engagement ;
J'en ai seul tout le poids, et toi tout l'agrément.

LE BARON.

Dans vingt occasions j'ai témoigné mon zèle.

M. DE FORLIS.

Tu viens de m'en donner une preuve fidèle.
Le seul prix que je veux de mon attachement
Est de venir parler au ministre un moment.
Mon sort dépend d'un mot, d'une simple parole ;
Je ne puis l'obtenir ! et ton esprit frivole
Refuse à mon bonheur ces instants précieux,

Et c'est pour les donner, à quel soin glorieux ?
A celui de juger une pièce nouvelle !

LE BARON.

Monsieur, on m'a contraint malgré moi...

M. DE FORLIS.

Bagatelle !

J'ouvre les yeux, et vois que dans ce siècle-ci
Le plus mauvais partage est celui de l'ami.

LE BARON.

Monsieur, je vous promets...

M. DE FORLIS.

Inutile promesse !

Je vous le dis avec beaucoup de politesse,
Mais dans un dessein ferme, et formé sans retour,
Je n'aurai plus pour vous qu'une estime de cour ;
Et vous ne devez plus, à l'avenir, attendre
De m'avoir pour ami, ni de vous voir mon gendre.

LE BARON.

Si vous n'écoutez plus la voix de l'amitié,
Si pour moi désormais vous êtes sans pitié,
Pour votre fille au moins montrez-vous moins sévère,
Prenez en sa faveur des entrailles de père ;
Et puisqu'il faut, monsieur, vous en faire l'aveu,
Sachez que sa tendresse est égale à mon feu,
Qu'un penchant mutuel...

M. DE FORLIS.

Quoi ! ma fille vous aime ?

LE BARON.

Oui, le marquis pourra vous l'attester lui-même ;
Et pour vous en donner un garant plus certain,
Lisez, voici, monsieur, un billet de sa main.
Vous voyez qu'en trompant notre attente commune,
Vous feriez son malheur comme mon infortune.

M. DE FORLIS, après avoir lu le billet qu'il lui rend.

Pour vous prouver qu'en tout l'équité me conduit,
Et que je ne suis point un aveugle dépit,
Je consens que ma fille elle-même prononce :
Je m'en rapporterai, monsieur, à sa réponse.
Je dois croire, et je suis, qui plus est, affermi,

Que vous ne serez pas meilleur époux qu'ami ;
Mais ce danger pour elle est encor préférable,
Tout mis dans la balance, au malheur effroyable
D'obéir par contrainte, et de voir son sort joint
Au destin d'un mari qu'elle n'aimerait point.
Pour l'immoler ainsi ma fille m'est trop chère.
Ma bonté sait borner l'autorité du père;
Le ciel nous a donné des droits sur nos enfants
Pour être leurs soutiens, et non pas leurs tyrans.

LE BARON.

Monsieur me rend l'espoir d'entrer dans sa famille.

SCÈNE VI. — LE BARON, M. DE FORLIS, LISETTE.

M. DE FORLIS.

Lisette !

LISETTE.

Quoi, monsieur?

M. DE FORLIS.

Allez dire à ma fille
Que je veux lui parler, et qu'elle vienne ici.

(Lisette rentre.)

SCNE VII. — LE BARON, M. DE FORLIS.

LE BARON.

Vous me rendez la vie en agissant ainsi.

M. DE FORLIS.

Faites en ma présence éclater moins de zèle;
Je ne fais rien pour vous, je ne regarde qu'elle.

SCÈNE VIII. — LE BARON, LE MARQUIS M. DE FORLIS.

LE MARQUIS, à M. de Forlis.

Je viens vous détromper sur le gouvernement.
Vous l'obtenez, monsieur, par accommodement.

M. DE FORLIS.

Pour un autre j'ai cru la chose décidée.

MARQUIS.

La place était promise, et non pas accordée.
Mon oncle, qui parlait pour votre concurrent,
Avec lui vient de prendre un autre arrangement.
Il lui fait obtenir, monsieur, à mon instance,
La vôtre qui se trouve être à sa bienséance,
Et d'une pension on y joint le bienfait.
De l'autre en même temps vous avez le brevet.

M. DE FORLIS.

Je ne saurais, monsieur, dans cette circonstance,
Vous marquer trop ma joie et ma reconnaissance.

LE BARON, à M. de Forlis.

Par cet heureux moyen voilà tout rétabli,
Et monsieur du passé doit m'accorder l'oubli.

M. DE FORLIS.

Non, au marquis tout seul je dois ce bien suprême.

LE BARON.

Mais il est mon ami, cela revient au même.

M. DE FORLIS.

Loin de parler pour vous, son procédé plutôt
Fait du vôtre, monsieur, la critique tout haut.
Tous mes efforts n'ont pu faire agir votre zèle ;
Le sien m'a prévenu : voilà votre modèle.

SCÈNE IX. — LE BARON, M. DE FORLIS, LE MARQUIS, LA COMTESSE.

LA COMTESSE.

L'hymen est-il rompu, baron infortuné ?

M. DE FORLIS.

Non ; mais je le voudrais.

LA COMTESSE.

                    Quel bien inopiné !
Je vois de mon côté passer le cher beau-père

LE BARON.

Sa fille, qui paraît, me sera moins contraire.

SCÈNE X. — LE BARON, M. DE FORLIS, LE MARQUIS, LA COMTESSE, LUCILE, LISETTE.

M. DE FORLIS.

Ma fille, approche-toi, viens, c'est ici l'instant
Pour toi le plus critique et le plus important.
J'apprends que le baron a su toucher ton âme.
Je ne puis te blâmer, ni condamner ta flamme.
Par mon choix, j'ai moi-même autorisé tes feux.
Prononce : je te laisse arbitre de tes vœux.

LISETTE.

Mais c'est parler vraiment en père raisonnable.

LE BARON, à Lucile.

J'attends de votre bouche un arrêt favorable.
Déclarez mon bonheur.

LE MARQUIS, à part.

       Quoique sûr d'être aimé,
Je n'ai pas son audace, et je suis alarmé!

LE BARON.

Que vois-je! vous restez dans un profond silence,
Quand vous pouvez d'un mot combler notre espérance?
Eh! quoi donc! cet aveu doit-il tant vous coûter?
Vous n'avez simplement ici qu'à répéter
Ce que vous avez eu la bonté de m'écrire,
Et ce que je ne puis me lasser de relire
Dans ce tendre billet si cher à mon ardeur.
Ah! n'en rougissez pas, il vous fait trop d'honneur.

LA COMTESSE.

Quel est donc cet écrit?

LE BARON.

       Une lettre charmante.

LA COMTESSE.

Donnez-moi, de la voir je suis impatiente.

       (Elle prend la lettre et la lit.)

M. DE FORLIS.

Cette lettre, ma fille, a nommé ton époux.
L'homme à qui tu l'écris...

LE BARON, à Lucile.
           Est seul digne de vous.
N'en convenez-vous pas, ainsi que votre père?
                LUCILE.
Oui, monsieur, j'en conviens.
              LE BARON.
           Par cet aveu sincère
Sa bouche clairement prononce en ma faveur.
                LUCILE.
Je n'ai point prononcé, vous vous trompez, monsieur.
              LE BARON.
Eh quoi! n'est-ce pas moi que vous venez d'élire?
Ce billet avoué suffit.
                LUCILE.
           Non.
              LE BARON.
           Qu'est-ce à dire?
        LA COMTESSE, après avoir lu.
Mais qu'il n'est pas pour vous. C'est pour un homme
                                    [absent.
              LE BARON.
Madame...
             LA COMTESSE.
        Mais, monsieur, écoutez un moment :
   (Elle lit haut.)
   « L'abattement où m'a plongée la crainte d'être ou-
« bliée de vous, a dû donner de moi cette idée. »
   (Au baron en s'interrompant.)
« Oubliée! » est-ce vous, qui l'obsédez sans cesse?
                LE BARON.
Pardon, j'ai donné lieu moi seul à sa tristesse.
        LA COMTESSE, lui présentant le billet.
« J'ai donné lieu! » tenez, répondez à ceci.
    (Elle lit.)
   « Depuis que je vous vois ici, votre présence me
« jette dans un trouble qui sert à la confirmer. »
   (En s'interrompant.)
Est-ce pour vous? « Depuis que je vous vois ici. »
Vous radotez, mon cher !

LE BARON.
Le marquis sait lui-même...
LA COMTESSE.
Qu'il parle donc : il montre un embarras extrême.
M. DE FORLIS.
Ma fille, le marquis saurait-il ton secret ?
Réponds-moi sans détour.
LUCILE.
Oui, mon père, il le sait.
LA COMTESSE, au marquis.
Puisque vous le savez, il faut nous en instruire.
LE MARQUIS.
C'est à mademoiselle, et je ne dois rien dire.
LE BARON.
Une telle réserve est fort peu de saison.
LA COMTESSE.
Elle jette mon cœur dans un juste soupçon :
La petite convient qu'il sait tout le mystère ;
Il se trouble comme elle, et s'obstine à se taire ;
Je gagerais qu'il est cet amant fortuné.
C'est lui.
M. DE FORLIS.
Je le voudrais.
LUCILE.
Madame a deviné.
LE BARON.
Comment ! ce n'est pas moi !
LUCILE.
Non, c'est une méprise.
LE BARON.
La lettre...
LUCILE.
Était pour lui. Vous me l'avez surprise.
LE BARON.
Le coup est foudroyant !
LISETTE, à part.
Il l'a bien mérité.
LA COMTESSE, embrassant le baron.
Vous n'êtes pas aimé ! mon cœur est enchanté !

M. DE FORLIS, à Lucile.

Que ton choix est louable, et digne de me plaire !
En faisant ton bonheur il acquitte ton père ;
  (Il montre le marquis.)
La place que j'obtiens est un fruit de ses soins.

LE MARQUIS.

Pour mériter sa main, pouvais-je faire moins ?

LE BARON.

Ah ! marquis, deviez-vous me jouer de la sorte,
Vous, à qui j'ai marqué l'estime la plus forte ?

LE MARQUIS.

Vous avez malgré moi combattu mes raisons,
Et vous m'avez forcé de suivre vos leçons.

LA COMTESSE.

De joie en ce moment je ne tiens point en place !
Votre hymen est rompu ! Quelle heureuse disgrâce !

M. DE FORLIS, au marquis et à Lucile.

Sortons de cet hôtel, tout doit nous en bannir.
Venez, mes chers enfants, je m'en vais vous unir.
  (Au baron.)
Vous, vous n'avez plus rien qui retienne votre âme,
Et vous pouvez, monsieur, aller avec madame,
Entendre concertos, sonates, opéra,
Et les Vacarminis autant qu'il vous plaira.

(Il sort avec le marquis et sa fille ; Lisette rentre en même temps.)

SCÈNE XI. — LE BARON, LA COMTESSE.

LA COMTESSE.

Croyez-en ses conseils ; venez, suivez mes traces ;
Fuyez votre maison, et reprenez vos grâces.
Ne soyez plus ami, ne soyez plus amant.
Soyez l'homme du jour, et vous serez charmant.

FIN

PARIS. — IMPRIMERIE Vᵛᵉ P. LAROUSSE ET Cⁱᵉ, RUE NOTRE-DAME-DES-CHAMPS, 49

20c — THÉATRE — 20c

CHEZ TOUS LES LIBRAIRES

MARS 1878	AVRIL 1878

MARS 1878

Piron

51 *La Métromanie*

Dancourt

52 *Le Chevalier à la mode*
53 *Mari retrouvé, – Bourgeoises*
54 *Galant Jardinier — Cousines*
55 *Maison de campagne, etc.*
56 *Le Tuteur, — les Vendanges*
57 *Charivari, — la Parisienne*
58 *Colin-Maillard — Moulin*
59 *Les Curieux, — les Vacances*

Fabre d'Églantine

60 *Le Philinte de Molière*
61 *L'Intrigue épistolaire*

Boissy

62 *L'Auteur superstitieux, etc.*
63 *Sage-Étourdi, — l'Époux*
64 *Le Babillard, — le Médecin*
65 *Vie est un songe,*
66 *Le Mari garçon,*

Dorvigny

67 *Nitouche et Guignolet, etc.*
68 *Blaise le Hargneux, etc.*
69 *Désespoir de Jocrisse, etc.*

Monvel et Barth

70 *Amant bourru — F. infidél.*

Delisle

71 *Arlequin sauvage, - le Timon*

Boindin

72 *Trois Gascons, - Port de mer*

Patrat

73 *Deux Frères, — Erreur*
74 *Les Deux Grenadiers, etc.*
75 *Le Fou, — Complot inutile*

AVRIL 1878

(Grétry, Audinot, Monsigny)

500 AIRS et ROMANCES
avec accompagnement de
PIANO

Grétry

76 *Richard Cœur de Lion*
77 *Zémire et Azor*
78 *Le Tableau parlant*
79 *La Fausse Magie*
80 *Vieux Temps (Aucassin)*
81-82 *Sylvain, — L'Epreuve*
83 *Les Deux Avares*
84 *La Rosière de Salency*
85 *La Caravane du Caire*

Audinot

86 *Le Tonnelier*

Monsigny

87-88 *Déserteur, —Rose et Colas*
89 *Le Cadi dupé*
90 *On ne s'avise jamais de tout*
91 *La Belle Arsène*
92 *Le Roi et le Fermier*

Allainval (d')

93 *L'Ecole des Bourgeois*

Sedaine

94 *Le Philosophe, — Gageure*

Montfleury

95 *La Fille capitaine*
96 *La Femme juge et partie*

La Chaussée

97 *Mélanide*
98 *L'Ecole des Mères*
99 *La Gouvernante*
100 *Le Préjugé à la mode*

200 autres volumes d'ici fin présente année 1878.

20c — THÉATRE — 20c
CHEZ TOUS LES LIBRAIRES

MAI 1878

Gluck
101 Orphée
102 Alceste
103 Armide
104 Echo et Narcisse
105 Iphigénie en Aulide

Fuzelier
106 Momus fabuliste

D'Orneval
107 Arlequin traitant

Collé
108 La Partie de chasse
109 Vendanges de la Folie
110 Dupuis et Desronais
111 L'Esprit Follet

Piccinni
112 Didon
113 Roland
114 Atys
115 Pénélope
116 Iphigénie en Tauride

Legrand
117 Ballet de XXIV heures
118 La Famille extravagante
119 L'Aveugle clairvoyant

Dominique
120 Agnès de Chaillot
121 Les Quatre Semblables
122 Les Paysans de qualité

Romagnesi
123 Le Temple de la Vérité
124 Amusements à la mode
125 Les Fées

JUIN 1878

Martini
126 Annette et Lubin
127 La double Fête

Boursault
128 Le Mercure galant
129-130 Esope — Esope à la cour
131 Le Mort vivant

Sacchini
132 Œdipe — 133 Dardanus
134 Tancrède

Desmahis
135 La Veuve — 136 Triomphe

Mondonville
137 Titon et l'Aurore

Fagan
138 Les Originaux

Goldoni
139 Le Bourru bienfaisant

Guyot de Merville
140 La Famille Glinet

Dezède
141 Blaise — 142 Alexis
143 Les trois Fermiers

Chéron
144 Le Tartufe de mœurs

Gueulette
145 Le Trésor supposé

Paiseillo
146 Nina folle par Amour

Campra
147 Hésione

Favart
148 Les Deux Jumelles
149 L'Anglais à Bordeaux
150 Les trois Sultanes

150 autres volumes d'ici fin présente année 1878.

PARIS. — IMP. Vᵗᵉ P. LAROUSSE ET Cᵒ, RUE NOTRE-DAME-DES-CHAMPS, 49

www.ingramcontent.com/pod-product-compliance
Lightning Source LLC
Chambersburg PA
CBHW070130100426
42744CB00009B/1776